SILVIA MARIA ENGL

MISSION: RUHE IM KARTON!

Wie 10 Tage Meditation mein Leben total veränderten

Ein VIPASSANA-Erfahrungs-bericht

Schirner Verlag

ISBN 978-3-8434-1305-3

Silvia Maria Engl:
Mission: Ruhe im Karton!
Wie 10 Tage Meditation
mein Leben total veränderten
Ein Vipassana-Erfahrungsbericht
© 2017 Schirner Verlag, Darmstadt

Umschlag: Murat Karaçay, Schirner,
unter Verwendung eines Bildes von
Bernd Röse
Layout: Marie Springer, Schirner
Lektorat: Karin Garthaus, Schirner
Printed by: Ren Medien GmbH, Germany

www.schirner.com

1. Auflage Dezember 2017

INHALT

In unendlicher Dankbarkeit für meinen Vipassana-Lehrer S. N. Goenkaji[1].

Manchmal macht es mich traurig, dass ich nicht bei dir persönlich lernen konnte. Es kommt mir wie eine verpasste Gelegenheit vor. Doch noch mehr, als mich diese Tatsache traurig macht, ist mein Herz von Dankbarkeit dafür erfüllt, dass ich dich aufgrund kluger Vorsorge und moderner Technik wieder und wieder als Lehrer genießen darf! Ich glaube nicht, dass ich deinen Kurs so oft wiederholen könnte, dass ich nichts Neues mehr von dir dabei lernen würde.

Und so erfülle ich gerne deine beiden einzigen Wünsche, die du an deine Schüler hast:

- Dabei zu helfen, Vipassana bekannter zu machen, auf die Art, die einem liegt. Meine bisherigen Zeitschriftenartikel und mündlichen Berichte finden nun mit diesem Buch eine für alle zugängliche Form.

- Für alle Wesen das Beste zu wünschen. Möge mein Herz eines Tages von so viel Güte, Liebe und Mitgefühl erfüllt sein, wie das deine es ganz offenkundig war und es wohl auch jetzt noch ist!

---

1 In Indien ist das Namenssuffix »-ji« ein Ausdruck des Respekts und der Verehrung. Bei Lehrern ist das eine geläufige Praxis.

Mögen alle Wesen glücklich sein!
Mögen alle Wesen frei sein von Leid!
Mögen alle Wesen frei sein und voller Liebe!
Mögen alle Wesen voller Mitgefühl sein!

VORWORT

Zehn Tage, die mein Leben total veränderten.
Ziemliche Ansage, nicht wahr?
Ich meine, hey, werden wir in unserer Gesellschaft nicht ständig mit so verheißungsvollen Slogans wie »Schlank in 21 Tagen!«, »Reich in sechs Monaten!« oder »Russisch lernen in fünf Stunden!« zugeballert?
Und trotzdem, was soll ich anderes sagen: Es ist wahr.

Was auch wahr ist, ist, dass ich diese radikale Veränderungsprozedur schon mehrere Male durchlaufen habe. Dass ich es immer wieder tun werde. Und ich möchte bereits jetzt betonen: Ich rede hier nicht von: zehn Tage Meditation = zehn Tage Honolulu-Wellnessurlaub. Ich rede vielmehr von zehn Tagen, an denen du mehr arbeiten wirst, als du es bisher getan hast. Nach außen scheint das Gegenteil der Fall zu sein, weil du während des Vipassana-Kurses einfach nur auf dem Boden rumhockst und das Essen bereits fertig auf dem Tisch steht, wenn es gongt. Ganz ehrlich: Wo kriegst du schon ein All-inclusive-Paket mit Kurs für lau?

Und genau da liegt der Denkfehler: Du bekommst das nicht für lau. Es wird von dir erwartet, dass du dich an die Kursregeln hältst. Und glaube mir: Ich wollte mehr als einmal weglaufen. Vereinzelt habe ich auch andere genau das tun sehen, obwohl sie sich mehrfach committet, das heißt dazu verpflichtet, hatten, ganz sicher bis zum Kursende zu bleiben. Nicht allen ist es zu jedem Zeitpunkt gegeben, es zehn Tage mit sich selbst auszuhalten.

Wer bleibt, macht eine unglaubliche Erfahrung, ist am zehnten Tag so unendlich stolz auf sich und sprudelt über vor Glück. Ich für meinen Teil habe noch nie jemanden getroffen, der den Kurs abgeschlossen und es anschließend bereut hätte. Allenfalls ein »Das war hart, ein zweites Mal würde ich wohl nicht mehr dorthin gehen«, aber keine Reue über diese eine Teilnahme. Na ja, und dann gibt es solche wie mich, Wiederholungstäter aus Leidenschaft und absoluter Überzeugung.

Damit eine Sache gleich von Anfang an klargestellt ist: Ich bin keine Vipassana-Lehrerin. Das hier ist kein Buch, das den Anspruch hegt, diese Technik zu lehren. Wobei alleine »diese Technik« schon irreführend ist, was im »Vorwort 2« (s. S. 10) erklärt wird. Auch bin ich keine Vipassana-Schülerin, die seit 25 Jahren auf diesem Pfad wandelt und sich an die Empfehlung des Lehrers hält, morgens und abends eine Stunde Vipassana zu praktizieren. Wenn du nach so einem Menschen suchst, kannst du das Buch gleich wieder weglegen. Dann bist du hier falsch.

Wenn du aber bereit bist, in eine sehr persönliche Geschichte einzutauchen und zu erfahren, wie aus einer Beamtin erst eine Autorin und dann eine Unternehmerin wurde, wie diese Frau erfuhr, was Liebe wirklich bedeutet, und welche dramatischen Kämpfe sie während der Kurstage in sich ausgefochten hat; wenn du wissen willst, wie sie selber erleben konnte, dass man sich krank wünschen kann, und wie das tatsächlich funktioniert und wieso man das manchmal tut; wenn du diese einmaligen Reisen im Inneren ihres Geistes und im Außen über Kontinente hinweg miterleben möchtest, wenn du mit der Autorin mitleiden und dich mitfreuen möchtest, dann bist du hier sehr wohl richtig.

Und wenn du wissen willst, auf was du dich da vielleicht einlässt, wenn du dich zum Vipassana-Kurs anmeldest, dann kannst du das Buch auch ruhig lesen. Nur wisse: Es gibt so etwas wie »genau die gleiche Erfahrung« nicht. Die Wunder, die ich erlebt habe, werden nicht die deinen sein. Und deine Erlebnisse werden nicht meine sein. Vergleiche niemals im Sinne von Wettbewerb. Vergleiche nur, um dich inspirieren zu lassen. Das hat mir mal ein sehr weiser Inder mit auf den Weg gegeben.

Zwar gibt es ein paar Bücher, die auch diese zehn Tage der Meditation beschreiben. Ich habe aber keines davon gelesen. Ich möchte beim Schreiben frei sein von den Eindrücken anderer. Solltest du also das Gefühl haben, dass dieses oder jenes ähnlich ist wie bei Autor XY, dann allein deshalb, weil das Erlebnis wohl ein ähnliches war.

Ich wünsche dir nun eine vergnügliche, erstaunliche und einzigartige Reise in meinen Kopf, in meinen Geist und in mein Herz! Mögest du hier das finden, wonach du gesucht hast! Oder noch etwas viel Besseres. Und wenn du hier fündig werden solltest, dann genieße einfach das, was dir auf der Suche begegnet.

München im September 2017

Alles (ist) Liebe

Silvia Maria Engl

VORWORT 2

Lass uns was klären!
Was »Vipassana« bedeutet

Da Kommunikation in meinem Leben eine große Rolle spielt, weiß ich, wie wichtig es ist, dass man Begriffe zu Beginn eines Gespräches klärt. Ansonsten gibt es nur Streit und Missverständnisse, was völlig unnötig wäre, wenn beide Parteien wüssten, dass sie über ganz unterschiedliche Dinge diskutieren. Also lass uns über Vipassana sprechen und darüber, was dieser Begriff eigentlich bedeutet, wenn ich ihn hier im Buch immer wieder verwende. »Vipassana« ist ein Wort aus der alten Sprache Pali, der Sprache von Siddhartha Gautama, der den meisten wohl als Buddha bekannt ist. »Buddha« selbst bedeutet »der Erleuchtete« und bezieht sich eigentlich nicht auf Gautama selber, sondern auf jede Person, die Erleuchtung erlangt hat. Das Wort »Vipassana« wiederum bedeutet »Einsicht« oder »die Dinge sehen, wie sie sind«. Obwohl all das in das Feld des Buddhismus fällt, ist Vipassana keinem religiösen Glauben zuzuordnen. Egal, woran du (nicht) glaubst, du kannst Vipassana bedenkenlos praktizieren.

Tradition

Vipassana wurde vor über 2500 Jahren von Siddhartha Gautama wiederentdeckt. Wo diese Technik ihren eigentlichen Ursprung hat, wenn er sie als »Wiederentdeckung« bezeichnete, weiß wohl niemand genau. Es soll der Überlieferung nach eine Technik sein, die er fand, als er unter einem Baum saß. Und zwar fest entschlossen, sich nicht mehr vom Fleck zu rühren, bis er vollständige Erleuchtung erlangt hätte, was genau genommen bedeutet: völlige Befreiung von allem Leiden (das durch Begierde/Verlangen und Ablehnung entsteht; darauf kommen wir später noch genauer zu sprechen).

S. N. Goenka, der Verbreiter der Vipassana-Meditation in der Tradition von U Ba Khin, erzählte in seinen Vorträgen, dass die Technik damals in Nordindien weit verbreitet war und ein paar Jahrhunderte lang auch überall praktiziert wurde, dann aber in seiner reinen Form verloren ging. Allein in Burma blieb Vipassana in seiner Ursprungsform erhalten. Goenka, mit Eltern indischer Abstammung, wurde in Mandalay geboren und kam mit Vipassana aufgrund seiner starken, nirgendwo heilbaren Form von Migräne in Berührung. Diese Meditation war ihm als Heilmittel empfohlen worden, nachdem nichts anderes geholfen hatte. Sein Lehrer war Saya Gyi U Ba Khin, der First Accountant General der Union von Burma. Nachdem er 14 Jahre lang dessen Schüler gewesen war, zog Goenka nach Indien und begann, Vipassana in seinem Heimatland zu unterrichten – genau so, wie die Prophezeiung es vorhergesagt hatte. U Ba Khin hatte Goenka erzählt, dass Vipassana laut einer alten Überlieferung nach 2500 Jahren in seine Heimat Indien zurückkehren würde, um sich von dort aus über die ganze Welt zu verbreiten. Diese Frist von 2500 Jahren war ein Jahr, bevor Goenka angefangen hatte, zu praktizieren, zu Ende gegangen.

Vipassana heute

Vipassana hat sich über die ganze Welt ausgebreitet. S. N. Goenka starb 2013, nachdem er seinen großen Wunsch erfüllt gesehen hatte: die Fertigstellung der goldenen Pagode (Global Vipassana Pagoda) in der Nähe von Mumbai, die mehr als 8000 Meditierenden Platz bietet. Überall auf dem Globus heißen nun Hunderte von Zentren Menschen willkommen, die dazu bereit sind, Vipassana zu erlernen und es ernsthaft zu praktizieren.

Es gibt viele verschiedene Lehrer und auch verschiedene Formen bzw. Ausrichtungen von Vipassana. Unter den bekannten Lehrern befindet sich auch der Bestsellerautor Jack Kornfield.[2] Hier im Buch beziehe ich mich

---

2 Falls du mehr über die verschiedenen Vipassana-Formen und -Lehrer erfahren möchtest, lade ich dich zur eigenen Recherche ein. Denn die Darstellung verschiedener Hintergrundinformationen ist nicht das Anliegen dieses Buches. Hier geht es darum, dir zu erklären, welche Technik ich praktiziert und welche Erfahrungen ich damit gemacht habe.

ausschließlich auf die Vipassana-Technik in der Tradition von U Ba Khin und S. N. Goenka. Damit habe ich Erfahrungen gemacht, und darüber kann ich dir authentisch berichten.

Wie der Kurs abläuft

Das verrate ich dir hier noch nicht. Denn die Geschichten sind so viel schöner, wenn du genauso blauäugig herumläufst wie ich bei meinem ersten Vipassana-Erlebnis in Thailand. Wobei, das war ja harmlos gegen das, was meine Freundin später gemacht hat. Sie ist einfach voller Vertrauen meiner Empfehlung gefolgt und hat den Kurs (schwanger) durchgezogen. Später erzählte sie mir, dass es schon einigermaßen anspruchsvoll gewesen sei, da sie noch nie zuvor in ihrem Leben meditiert hätte. Wir haben dann beide sehr gelacht. Übrigens, bis heute zehrt sie von diesen Erfahrungen und ist dankbar, dass sie da war. Jetzt aber wollen wir anfangen.

Den Anfang macht mein Vipassana-Kurs, den ich 2013 in Thailand absolviert hatte. Denn genau genommen beginnt alles viel früher, und zwar 2009 in meinem Schlafzimmer in Hof (genau, die Stadt, in der man vor der Einreise in die damalige DDR gefilzt wurde).

WIE ALLES BEGANN

Vipassana Nr. 1

Dhamma Kamala, Thailand:
Durch die Hölle in den Himmel
oder: Wie ich zur Autorin wurde

Jeder hat ja so seine ganz eigene Geschichte, warum er anfängt, sich mit spirituellem Kram zu beschäftigen. Bei mir war es ein sehr denkwürdiges Jahr, mein persönliches Annus horribilis[3], um Queen Elizabeth II. mal zu zitieren. Um meine Misere vollständig auszubreiten, bräuchte es ein Extra-Buch. Sagen wir der Einfachheit halber mal: Es brannte einfach überall: im Beruf, in der Beziehung, in der Familie.

So kam es, dass ich am Silvesterabend 2008 so glücklich war wie nie zuvor, dass ein Jahr zu Ende ging. An diesem Abend lernte ich einen Mann kennen, der irgendwie … anders war. Er faszinierte mich, und wir hatten einen schönen Abend miteinander, mit Lachen, Musik und Tanz. Anscheinend hatte auch er Gefallen an mir

---

3 lat.: »schreckliches Jahr«

gefunden, denn eine gute Woche später besuchte er mich in meiner damaligen Enklave Hof. Als Beamtin im Schuldienst muss man tatsächlich nehmen, was man kriegt, und in meinem Fall war das 2006 ein Gymnasium in Hof gewesen. Nicht gerade der Hotspot, wo sich alle darum reißen, einen besuchen zu können.[4] Was ich damals noch nicht wissen konnte: Ich lebte fünf Jahre lang quasi neben einem Meditationszentrum, zu dem Menschen aus ganz Deutschland extra anreisten. Es wäre mir damals aber auch ziemlich wurscht gewesen, hätte mir das jemand erzählt.

Was mir weniger wurscht war, war der nette Besuch. Bedauerlicherweise konnte er nur kurz vorbeischauen (350 km für ein Abendessen kann man schon mal fahren), denn er hatte früh am nächsten Morgen einen Termin in Nürnberg. Es war aber eh egal. Die ganze Strecke von Hof nach Nürnberg über telefonierten wir noch, und damit war es besiegelt: Das ätzende Jahr war definitiv vorbei, und ich war verknallt.

Ich muss schon jetzt an dieser Stelle leider etwas unromantisch werden: Sich in jemanden zu verlieben, kann sehr pragmatische Funktionen erfüllen. Unser Unterbe-

---

4 Um Hof gerecht zu werden: Zur Zeit der Hofer Filmtage ist es da wirklich immer super. Und im Lauf der Jahre konnte ich dem Ort in den anderen 51 Wochen wirklich zunehmend auch was abgewinnen. Am Ende tat es mir fast leid, zu gehen. Ich hatte das nette Städtchen wirklich lieb gewonnen und fahre heute dann und wann noch gerne hin. Für jemanden, der nicht aus dieser Gegend kommt und der gerne eigentlich woanders leben möchte, ist es eben nicht ganz einfach, dorthin versetzt zu werden. Dabei ist es dort wirklich schön!

wusstsein ist einfach schlau und weiß, was wir zu tun bereit sind für eine Dosis Hormonrausch bzw. unter diesem »Drogeneinfluss«, der sich Verliebtsein nennt.

Als ich 13 war, führte das dazu, dass ich die Band »Smokey« toll fand. Weil mein Schwarm sie toll fand. Ich hörte die Kassette also so lange an, bis ich jedes Lied auswendig mitsingen konnte, sodass er mich für einen echten Fan halten konnte. (Nicht, dass das irgendwo hingeführt hätte. Aber so ist Verliebtsein eben: irrational und irgendwie einfach schön.)

Mit 19 kochte ich für einen Schwarm und einen Freund ein Drei-Gänge-Menü (ich musste beide einladen, sonst wäre es ja offensichtlich gewesen, dass ich eigentlich nur meinen Schwarm dahaben wollte) auf meinen zwei Kochplatten im Studentenwohnheim. Ich habe eine Stunde eingekauft, drei Stunden vorbereitet, zwei Stunden gekocht und später eine Stunde abgespült. Wir wurden am Ende kein Paar. Und das, obwohl ich von meinem Studentenbudget Schweinefilet gekauft hatte, das erste Mal in meinem Leben.

Dies sind nur zwei banale Beispiele, wie das Gehirn einfach mal den rationalen Teil ausblendet bzw. wie die absolut faszinierende Situation entsteht, dass man sich Irrationales scheinbar rational redet. (Bei Politikern kann ich dieses Verhalten auch heute noch sehr oft beobachten. Na ja, in der normalen Bevölkerung auch. Und wenn ich mir eine Handtasche kaufe.)

Zurück zum Pragmatismus des Verliebens. Ich persönlich glaube ja, dass es da so ein, zwei (für uns unsichtbare) Fäden gibt, die hier und da ein wenig ziehen, damit wir dieses oder jenes tun oder lassen. Wollen wir es mal bei dieser konfessionslosen Beschreibung belassen. In diesem Fall war es sicher wichtig, dass ich mich verknallte, um mich weiterzubilden. Anders als die Jahre davor weder musikalisch noch kulinarisch, sondern dieses Mal spirituell. Mit zahlreichen Büchern, die ich in der Hofer Stadtbibliothek vorher nicht mal beachtet hätte, jetzt aber alle auslieh und sie auch aufmerksam las. Dieser wirklich tolle Kerl erwähnte nämlich immer wieder so Dinge wie Buddhismus, sodass im Hirn der Begehrenden, also in meinem, das Verlangen entstand, unbedingt fachkundig mitreden zu können, jenseits der paar Brocken, die aus dem katholischen Religionsunterricht seinerzeit im Bayerischen Wald hängen geblieben waren.

Je mehr ich über die Themen zu lesen begann, umso spannender fand ich das alles. Gut, man könnte jetzt argumentieren, dass ich mit 13 »Smokey« ja auch wirklich toll fand (oder zumindest dachte, ich fände die Band toll). In diesem Fall aber war es so, dass ich auf eine Spur gelenkt wurde, die mich tatsächlich wirklich weiterführte. Mein ehrliches Interesse war erweckt. Für die mit mir an dieser Stelle mitbibbernden Damen: Ich kann hier leider nicht von einer Lovestory mit unglaublichem Happy End berichten. Wir wurden nie ein Paar. Dafür hat mir das Leben ein Geschenk in der Form eines Menschen gemacht, der die Gabe hat, »andere aufs Gleis zu setzen«, wie ich es gerne nenne. Ich für meinen Teil war mit diesen Themen recht rasch sicher in der Spur, sodass der Zug auch ohne ihn weiterfuhr. Für die weniger Metapherfreudigen unter den Lesern: Ich beschäftigte mich auch ohne seine Anwesenheit wissbegierig mit diesen Dingen.

Eines Tages machte er mir ein Geschenk. Da er meditierte, wollte natürlich auch ich nicht uncool dastehen und beschloss, dass es eine feine Sache wäre, auch zu meditieren. So fand ich in der Post ein Geschenk von ihm, ein Buch, in dem es um tibetische Meditationen ging. Dann und wann finden bei mir Ausmistaktionen statt, denen schon Hunderte von Büchern zum Opfer gefallen sind. Es gibt aber ein paar Bücher, die würden zu den letzten gehören, die ich hergäbe. Dieses Buch gehört dazu. Ich habe es nur einmal aufgeschlagen. Das war genug. Denn was ich darin fand, ist Teil dieser großen Geschichte. Die Meditation, die ich dort beschrieben fand, erklärte, wie man seinen Körper absichtslos beobachten sollte. Wenn man irgendwo Verhärtungen, schmerzhafte oder anderweitig auffällige Stellen entdeckte, sollte man sie einfach beobachten, bis sich alles aufgelöst hätte. Dabei ging man von oben nach unten vor, also vom Kopf bis zum Fuß. Gesagt, getan. Das war die erste Meditation meines Lebens (also, dieses Lebens), und sie fiel mir unglaublich leicht. So einfach war meditieren also, prima! Diese Erkenntnis würde ich später noch das eine oder andere Mal widerrufen. Der Beginn jedenfalls wurde mir leicht gemacht, was lernpsychologisch durchaus ein raffinierter Schachzug des Lebens gewesen war, das muss ich als Lehrerin durchaus anerkennend zugestehen.

Wie gesagt, trotz dieser angenehmen Erfahrung kam es mir nicht in den Sinn, mich mit einer zweiten Technik zu beschäftigen. Stattdessen praktizierte ich diese immer wieder gern und genoss die Wohltat. Recht rasch gelang es mir, mich immer tiefer zu versenken. In meiner völlig naiven Art von damals hatte ich Erlebnisse, die tief ergreifend waren, die ich aber, weil ich ja für mich allein im stillen Schlafkämmerlein praktizierte, für normal oder für einen regulären Bestandteil der Meditation hielt. Heute weiß ich: Was ich damals so erlebt habe, ist etwas, wofür andere jahrelang praktizieren. Mein Vorteil war: Ich hatte keine schlauen Bücher gelesen und begehrte daher auch nichts, was bei anderen als übernatürliche, sensationelle Erlebnisse beim Meditieren geschildert wurde. Kein Vergleich, kein Stress. (Denk immer gut an meine einleitenden Worte zu Beginn des Buches!)

2009 machte ich also erste zarte Erkundungen und Erfahrungen als Meditierende. Rückblickend betrachtet war das ein total nettes Warm-up für 2010, als das Leben dann beschloss: »Mädel, wir geben jetzt Gas!« All die Erlebnisse, die mir ab da widerfuhren, einzeln aufzuzählen, würde hier den Rahmen sprengen. Hier geht es um Vipassana.

Als ich die Technik »offiziell« 2013 in Prachinburi in Thailand kennenlernte, konnte ich ja nicht wissen, dass das etwas war, was mir seit Jahren vertraut war, ja, von Anfang an vertraut gewesen war. Wenn man an so etwas wie chronologische Wiedergeburt glaubt, dann könnte man es wohl so formulieren, dass ich in vorherigen Leben schon viel Erfahrung mit Vipassana gesammelt haben musste, sodass es auf sehr einfache Art und Weise seinen Weg zu mir zurückfinden konnte. Tatsächlich unterrichtete ich im Frühjahr 2013 in Rishikesh in einem Yoga-Ashram Meditation, und eine der Teilnehmerinnen meinte nach einem Abendkurs zu mir: »Ich weiß, dass du vorhast, Vipassana zu machen. Und ich will dir ja nicht die Neugierde verderben. Nur so viel vorweg: Du machst das schon, ohne zu wissen, dass es das ist.« Sie hatte recht, wie ich ein halbes Jahr später selber feststellen konnte.

Wie aber erfuhr ich nun überhaupt von diesen Vipassana-Kursen? Nein, es war nicht der sympathische junge Mann, der mir das Buch geschenkt und mir das Tor in (m)eine neue Welt geöffnet hatte. Wieder einmal zogen die Fäden an mir, dieses Mal in Indien. 2010 bereiste ich dieses Land zum ersten Mal, und schon im Vorfeld hatte es bei mir beim Meditieren einen bleibenden Eindruck hinterlassen. Dieses Land rief mich, und ich folgte recht spontan in den Sommerferien diesem Ruf. In einer Stadt, an die ich mich nicht weiter erinnern kann, zog es mich in einen Buchladen. Dort stöberte ich herum und entschied mich für eine Urlaubslektüre: »Holy Cow!« war der sensationell gut gewählte Titel. Darin ging es um die wahre Geschichte der Autorin, einer australischen Journalistin, die mit ihrem Mann gemeinsam nach Indien kam. Während er als Korrespondent viel unterwegs war, beschloss sie aufgrund einer seltsamen Erfahrung, dass sie ihre viele freie Zeit genauso gut mit dem Studium der spirituellen Gebräuche dieses Landes verbringen könnte. Auf wirklich witzige Art beschreibt Sarah Mcdonald ihre Erlebnisse, die diese Reise mit sich brachte. Dazu gehörte eben auch ein Kapitel über eine Meditation in Dharamsala, bei der sie zehn Tage schweigen musste. Ich weiß ja nicht, ob du so was schon mal erlebt hast. Aber alles, was bei mir im Kopf, ja, im ganzen System herumschwirrte, als ich das las, war: »Das muss ich auch machen!«

Da ich das Buch verschenkt und mir den Namen der Meditation nicht gemerkt hatte, googelte ich zu Hause ein wenig herum und wurde fündig. »Vipassana«, ja, genau, so hieß das doch! Wie gesagt, das war 2010. Ich beschloss, das bei meinem nächsten Indienbesuch auch zu machen, damals nicht wissend, dass es Zentren auf der ganzen Welt hierfür gibt. Als ich das wiederum herausfand, begann ein illustres Spiel. Das Spiel hieß: »Ich melde mich für einen Vipassana-Kurs an, stoße auf Widerstände und nehme infolgedessen nicht daran teil.« Mal waren es ungünstige Termine (ich konnte ja für die Schulferien nichts), mal war es die Absage eines Zentrums. Der insgesamt vierte Anlauf, fest entschlossen, es dieses Mal durchzuziehen, war tatsächlich dann im Frühjahr 2013 in Indien. Der Bus nach Dharamsala, zu eben jenem Zentrum, war gebucht, der Rucksack war gepackt, alle Überredungskünste anderer, zu bleiben, wurden entschlossen abgeschmettert. Interessanterweise griff ich am Abreisetag zum ersten Mal in Indien nach einer Flasche Ketchup. Wenige Stunden später fand ich mich schwitzend auf dem Toilettenhäuschen wieder. »Nein, dieses Mal gewinnt mein Widerstand nicht!«, beschloss ich trotzig und zwang meinen Körper in den Bus nach Dharamsala, die Bauchkrämpfe ignorieren wollend, fiebrig und bockig. Ja, ich hatte Schiss, das stand fest. Aber ich wollte es dieses Mal wirklich, wirklich durchziehen!

Warst du schon einmal in Indien in einem Bus, zwölf Stunden Fahrt in den Himalaja vor dir, Durchfall, Fieber, Übelkeit, und du sagst: »Ich mach das, komme, was wolle!«? Und dann … fährt der Bus nicht los. Ganz ehrlich: Ich muss heute beim Schreiben noch lachen! Der Bus fuhr nicht los. Und wieso? Die geschäftstüchtigen Mitarbeiter des kleinen Reisebüros hatten ihn überbucht. Draußen standen jetzt drei traurige Jugendliche, die unbedingt mitwollten. Im Bus fingen die Leute an zu streiten, die Inder schrien sowieso (also, sie diskutierten normal, was sich für uns wie Schreien anhören kann). Nach einer halben Stunde Gezeter, wer Schuld an der Misere sei, gab ich auf. Zum großen Erstaunen aller auf ihren Sitzen Verwurzelten stand ich auf und verkündete: »Whoever wants to take my seat, take it. I can go later.«[5] Ich akzeptierte, dass dies nicht die Stunde war, um heroisch-leidend gen Norden zu ziehen und mich meinen Ängsten zu stellen. Vielmehr kehrte ich völlig fertig in den Ashram zurück und war dann zehn Tage lang elend krank, bevor ich, immer noch geknickt, von den Halbtoten auferstand.

Solche Dinge können passieren, wenn das Unterbewusstsein weiß, was ihm droht. Nämlich ein Waschgang mit Spezialreinigung. Das sollte ich ein halbes Jahr später in Thailand ein weiteres Mal erleben, und zwar ganz bewusst.

Dies alles ist vor meinem ersten Zehn-Tage-Kurs geschehen. Und doch ist es Teil meiner Vipassana-Geschichte. Es gehört alles schon dazu. Warum ich drei Jahre lang einen Eiertanz um meine Teilnahme herum gemacht hatte, obwohl ich es wirklich wollte, das wurde mir klar, nachdem ich im Dhamma Kamala eingecheckt hatte.

---

5 engl.: »Wer auch immer meinen Platz haben will, der kann ihn haben. Ich kann später dorthin fahren.«

TAG 0

»Ob ich hier richtig bin?« Das zumindest fragte ich mich, als ich in Thailand aus dem Taxi ausstieg. Ein Busbahnhof irgendwo in Bangkok. Die Luft war schwülheiß, und ich hatte dieses seltsame Gefühl, das mir von meinen Reisen in ferne Länder schon vertraut war. Dieses diffuse Gefühl irgendwo zwischen »Es nervt, an wildfremden Orten nicht zu wissen, wie und wo und ob« und »Abenteuer gehören einfach dazu, yeah!«. Überall standen nur Autos und Busse, die Abgasquote in der Luft war entsprechend. Ich packte mir mit einem Schwung meinen roten Rucksack auf den Rücken und stiefelte einfach mal los. Fest stand: Ich musste hier richtig sein! Ansonsten hätte ich eine weitere Episode auf meiner langen Liste »vermeintliche Gründe, warum ich an Vipassana nicht teilgenommen habe« zu verbuchen gehabt. Nur dieses Mal war ich derart entschlossen, in jedem, absolut jedem Fall teilzunehmen, dass ich notfalls auch eine irrwitzig teure Taxifahrt in Kauf genommen hätte.

Und wie das so ist: Wenn man etwas wirklich, wirklich will, dann steht der Weg auch offen.

Nach einer Weile des Herumstreunerns auf dem Gelände entdeckte ich zwei weitere Rucksäcke unter einem kleinen Dach, das gnädigen Schatten spendete. Tatsächlich gehörten sie zwei Reisenden, die genau wie ich auf den Shuttlebus zu Dhamma Kamala warteten. Wie so oft in solchen Situationen erschien auch hier auf allen drei

Gesichtern ein erleichtertes Lächeln bei meiner Frage, ob ich hier richtig sei. Wenn sich genügend Unwissende an einem Platz einfinden, stellt sich einfach ein Gefühl von Sicherheit ein, vielleicht ja doch den richtigen Ort zur richtigen Zeit in einem fremden Land erwischt zu haben. Im schlimmsten Fall wäre man zumindest zu dritt, und man könnte sich ein Taxi teilen, um zu einem Touri-Hotspot zurückzukehren. Das war aber nicht nötig. Wir waren wirklich alle richtig. Wir, das waren Gilan, ein Kanadier, und eine schon ältere Thailänderin, deren Namen ich mir leider nicht merken konnte. Sie blieb aber ohnehin lieber für sich. Anscheinend war sie bereits in die Vipassana-Phase eingetreten. Gilan hingegen war gesprächig, und seine Geschichten waren auch überaus interessant.

Wie sich herausstellte, war ich Newbie an einen absoluten Vollprofi geraten. Gilan hatte einen Job, der ihn ein halbes Jahr forderte und ihm anschließend ein halbes Jahr freigab. Eine Option, die mir äußerst interessant erschien. Leider halte ich mich aber bis heute immer noch für die Feuerbekämpfung in den kanadischen Wäldern für sehr ungeeignet. Wie dem auch sei, er nutzte diese freie Zeit, um die Welt zu bereisen, vornehmlich Asien, und einen großen Teil davon wiederum verbrachte er in Vipassana-Zentren. Wie viele 10-tägige Kurse er schon gemacht hatte, wusste er selber nicht mehr genau. Es waren immerhin ja auch schon mehrere 20-tägige dabei und für diesen Winter war ein 60-Tage-Kurs bei ihm eingeplant. Die zehn Tage, die mir nach wie vor einen Heidenrespekt einflößten, waren für ihn mehr so ein »Nehm ich mit, passt mir hier grad gut rein«. Später sollte ich erfahren, dass es richtige Vipassana-Reisende gibt. Also Leute, die beispielsweise ein halbes Jahr ausschließlich damit verbringen, von Kurs zu Kurs zu reisen. Eine sehr interessante Option für Menschen, die einen kleinen Geldbeutel haben und bereit sind, sich mit sich selber wirklich auseinanderzusetzen. Etwas, was, das kann ich heute mit absoluter Sicherheit sagen, anstrengender ist als jede andere Work-and-Travel-Option.

Gilan jedenfalls schien ganz genau zu wissen, was in den nächsten zwölf Tagen vor mir lag. Als er hörte, dass das mein erster Kurs sei, brach er in schallendes Gelächter aus. Nicht gerade ermutigend für jemanden, der ohnehin leichte Schweißausbrüche hatte jenseits derer, die die Hitze verursachte.

Die Zahl derer, die ebenfalls erleichtert waren, an der richtigen Bushaltestelle zu sein, wuchs zunehmend. Zu meiner Überraschung waren es überwiegend Einheimische. Ein paar Westler waren auch dabei, die aber in jedem Fall in der Unterzahl waren. Das fand ich sehr angenehm, da mir das zeigte, dass es sich bei Vipassana wirklich um eine Meditation zu handeln schien, die überall von den Menschen gerne praktiziert wurde, und dass es nicht nur so eine »Ich lebe in Westeuropa und bin aber eigentlich ganz anders und hip«-Bewegung war.

Die Busfahrt dauerte etwa eineinhalb Stunden. Ich schaute erst viel später einmal im Internet nach, wo ich eigentlich gewesen war. Im Grunde war das auch egal, weil ich das Ziel ja nicht selber anfahren musste. Den richtigen Platz an diesem Busbahnhof in Bangkok gefunden zu haben, war schon ausreichend an logistischer Leistung, wie ich fand. Im Dhamma angekommen war mir klar: Hier gibt es kein Entkommen! Dieser Bus würde hier erst wieder in zwölf Tagen stehen, und bis dahin musste ich durchhalten. Zehn Tage lang meditierend, auf dem Boden sitzend, Vipassana praktizierend (was das auch immer war) und mich damit abfindend, nur zwei Mal am Tag etwas zu essen zu bekommen. Ich hatte mir den erfreulichen Gewichtsverlust bereits ausgerechnet. Zwar war dieser Gedanke sicherlich nicht sehr spirituell, aber an diesem Punkt meines Weges durfte man mir durchaus noch ein paar eitle Gedanken zugestehen, wie ich fand.

Die Trennung von Männern und Frauen begann gleich in der Empfangshalle. Ich konnte Gilan nicht mal mehr Auf Wiedersehen sagen. Stattdessen gab ich mich dem Sog der weiblichen Masse hin, die sich jetzt noch wild schnatternd für die Registrierung anstellte. Wer als Frau mit 1,76 m Körpergröße und weißer Hautfarbe schon mal in Thailand war, weiß, wie man sich inmitten eines thailändischen Frauenpools vorkommt. Groß. Echt groß. Riesig. Man hat das Gefühl, dass ungefähr drei von ihnen in eine Hose von dir passen würden. Was vermutlich sogar auch in etwa hinkommt. Also zwei in jedem Fall.

Als ich dran war, wurde ich gebeten, mir alle Unterlagen noch einmal gründlich durchzulesen. Ich musste den Regeln ein weiteres Mal zustimmen und noch einmal bestätigen, dass mein Englisch auch gut genug sei, um an dem Kurs teilzunehmen. Ein weiteres Mal bestätigte ich also all das, um gleich danach in einen Nebenraum zu kommen. Dort erfuhr ich, wie es sich anfühlt, ins Gefängnis zu gehen. Denn ich musste alle Wertsachen, Laptop, Handy, Bücher, Schreibsachen etc. abgeben, damit sie vor meinen Augen weggesperrt wurden. Kein Zugriff mehr. Auf nichts davon. Alles, was mir blieb, war ein kleiner Zettel mit der Nummer des Schließfaches, wo ich in elf Tagen meine persönlichen Gegenstände wieder abholen dürfte. Ich gab alles ab. Meinen Besitz, meine Identität, mein Leben. Klingt dramatisch, aber genau so fühlte es sich an. Das Spannende ist ja, wie sich das anfühlt. Für mich war es eine seltsame Mischung aus »Oh Gott!« und »Oh yeah!«. Beängstigend und befreiend zugleich.

Ich war nun einfach nur noch eine Meditierende in schlichter weiter Kleidung, der es in den kommenden Tagen untersagt war, zu stehlen, zu töten, Drogen zu konsumieren, sexuelle Handlungen vorzunehmen und die noble Stille zu brechen. Was Summen, Trällern oder unnötiges Aufstöhnen beinhaltete. Eines vorweg: Erst seit dieser Vipassana-Erfahrung weiß ich, wie viele Geräusche ich für mich alleine eigentlich mache. Sie zu unterlassen, war mitunter ganz schön herausfordernd. Tatsächlich habe ich die noble Stille auch einmal gebrochen. Dazu komme ich aber später noch.

So. Da stand ich nun mit meinem kleinen Nummernzettel in der Hand und in das Gelände von Dhamma Kamala entlassen.

»Dhamma« heißen alle Vipassana-Zentren weltweit, die unter www.dhamma.org gelistet sind. Sie alle haben eines gemeinsam: Dort wird nach der Lehre von S. N. Goenka unterrichtet. Dhamma (oftmals auch »Dharma« aus dem Sanskrit) ist ein zentraler Begriff aller indischen Religionen. Je nach Religion (Buddhismus, Jainismus, Hinduismus, Sikhismus) hat er eine andere Bedeutung. Allgemein gesprochen vereinigt Dhamma Gesetz, Recht, Sitte und ethische wie auch religiöse Verpflichtungen. Bei Vipassana benutzt man das Pali-Wort »Dhamma«, das wortwörtlich übersetzt »das, was trägt/stützt« heißt. Im Grunde ist es ohnehin schwer möglich, Dhamma zu übersetzen. Je mehr man Vipassana praktiziert, umso mehr bekommt man auch ein Gefühl dafür, was es in seiner Ganzheit bedeutet. Es ist die universelle Liebe, das Mitgefühl, die Weisheit, die Erfahrung, die Wahrheit und die Einsicht. Und doch so viel mehr als das. Es ist das, was übrig bleibt, wenn Illusion und Lüge wegfallen. Es ist der Frieden, den du erfährst, wenn du wirklich einmal präsent bist. Dhamma ist das, wonach der Suchende strebt und was den Findenden erfüllt.

Es liegt in der Natur Dhammas, dass es jedem Menschen offensteht und daher nichts kosten darf, weil der Zugang sonst limitiert wäre. Als Goenka das erste Zentrum in Indien eröffnete, wurde er darauf hingewiesen, dass es wahnsinnig sei, in einem Land, in dem so viele hungern und obdachlos sind, ein Bett und gratis Mahlzeiten anzubieten. »Goenkaji, das wird niemals funktionieren! Sie werden in Scharen kommen, und das ist zum Scheitern verurteilt!« Goenka, in seiner unnachahmlichen Art, die jeder erahnt, der seine Vorträge einmal auf Video gesehen hat (anstatt nur die Audioversion in der eigenen Muttersprache zu hören), meinte nur: »Lass sie kommen! Wenn sie bereit sind, hart zu arbeiten, von 4.00 Uhr bis 21.00 Uhr, dann lass sie kommen!« Der prophezeite Untergang blieb aus. Ebenso das Scheitern der Expansion in die westlichen Länder. »Goenkaji, wenn du im Westen etwas gratis anbietest, sind die Leute dort sehr misstrauisch. Es wäre besser, dort etwas zu verlangen.« Wieder lachte Goenka, dieser weise Mann, und meinte, man solle die Zweifler nur zweifeln lassen. Am Ende würde Dhamma sich immer durchsetzen. Recht sollte er behalten. Das Netz der Zentren ist mittlerweile über alle Kontinente gespannt. Es gibt nur noch wenige Länder, wo du nicht Vipassana praktizieren kannst.

Und ich war jetzt im Begriff, genau das zu tun: Vipassana im Dhamma Kamala, im »Lotus of Dhamma«, zu praktizieren. Allerdings sollte ich gleich nach der Registrierung merken, dass so ein Kurs weit vor dem ersten Gong beginnt.

Kaum hatte ich meine persönlichen Dinge wegsperren lassen, begann in meinem Kopf ein sehr interessantes Szenario zu entstehen. Und bereits jetzt, wo ich das für dich aufschreibe, weiß ich, dass meinen schriftstellerischen Fähigkeiten hier klare Grenzen gesetzt sind. Denn wenn ich dir davon berichte, was mir Kopfzerbrechen bereitete, wirst du sagen: »Ah ja, verstehe. Na, was soll's, kommt halt mal vor.« Nein, nein, so ist das aber nicht. Denn das, was geschah, kaum dass ich den Garten im Dhamma betreten hatte, um meine Schlafkabine aufzusuchen, war ein dermaßen großes Drama, dass es mich über Tage hinweg verfolgte, und zwar mit einem Meer an Tränen, an Verzweiflung, mit dem Wunsch, wegzulaufen, in Kombination mit einer anständigen Erkrankung. Ein schönes Paket. Doch was brachte mich nur dazu, so dermaßen am Rad zu drehen?
Ich sage ja: Es ist schwer zu erklären. Rein sachlich betrachtet ging es darum, dass mir eine E-Mail einfiel, die ich einem mir nahestehenden Mann geschickt hatte. Das allein ist kein Drama. Aber hier im Dhamma, meiner technischen Geräte beraubt, wandelte ich nun verloren auf dem Lotosgrund, und mir fiel siedend heiß ein: Ich hatte mich in der E-Mail missverständlich ausgedrückt! Oh mein Gott, wenn er das nun lesen und total falsch

auffassen würde?! Das wäre ja nicht auszudenken. Eine Katastrophe! Ich drehte mich um, und mein Blick fiel auf das Zimmer, wo in Fach Nr. 2 mein Smartphone lag, bereit, mir das Leben zu erleichtern, hätte ich nur nebst diesem anbetungswürdigen technischen Gerät auch einen Hauch von WLAN im Dschungel Thailands! Da müsste doch was gehen! Doch ich wusste: Ich war auf dem Schafott der Welt, das man »offline« nennt. Aus die Maus, keine Chance, mal eben alles klarzustellen, bevor die Nachricht in einer Katastrophe münden würde.

Ich war noch nicht mal in meinem Zimmer angekommen, da liefen schon die ersten Tränen. Dazu kam, dass es erst 15.00 Uhr war und ich schon jetzt, Stunden vor Kursbeginn, ohne Handy, ohne Laptop, ohne Freunde auf dieser Welt in einem Garten am Ende der Welt ausgesetzt war! Bis zur Henkersmahlzeit in Form einer Suppe um 17.00 Uhr und bis zum Kursbeginn um 18.00 Uhr waren noch zwei bzw. drei Stunden zu überbrücken. Nur: mit was, um Himmels willen?! Ich meine, hallo, was soll man denn stundenlang machen, wenn man nichts hat, mit dem man etwas machen kann?

Das Drama nahm seinen Lauf. Und wenn du jetzt lachst, dann weißt du nicht, was ich ab diesem Moment durchmachte. Allerdings muss ich dazu sagen, dass ich es heute auch nicht mehr genau weiß. Alles, woran ich mich erinnere, ist, dass ich tagelang durch die innere Hölle ging. Den genauen Grund kann ich nicht benennen. Aber so ist sie, die Natur des Dramas. Sie hat eben keinen rationalen Boden, was der dramatisch Leidende allerdings völlig anders sieht. Glaub mir, ich kann wahrlich ein Lied davon singen!

Je mehr ich mich in meine »Kopfkatastrophen« verstrickte, umso unerträglicher wurde das alles. Ich meine, zehn Tage, das war ja wohl schon bedrohlich genug. Aber dann festzustellen, dass eigentlich noch ein halber Tag dazu kam, das war ja der Gipfel! Ich war um einen halben Tag meines Lebens betrogen worden, jawohl!

Frag mich nicht, wie es mir gelang, die Zeit rumzukriegen, ohne durchzudrehen, weil ich keine E-Mail schicken konnte, aber irgendwie gelang mir das Überleben dann doch. Nach einer Einweisung mit Suppe um 17.00 Uhr musste ich nur noch mal 30 Minuten totschlagen (Hilfe!), dann ging es los. (Wie gesagt: ungerechterweise. Denn Tag 1 war ja damit eigentlich schon Tag 2 und der Anreisetag eigentlich Tag 1 – Betrug!)

Was im Dhamma ganz hübsch war, war die goldene Pagode auf der Meditationshalle. Erst als ich später andere Zentren kennenlernte, begriff ich, dass mein Unterbewusstsein gnädig mit mir gewesen war. Es hatte mich für den Anfang in ein »Zentrum light« geschickt, wo ich durch dünne, offene Trennwände sogar in den Luxus eines Quasi-Einzelzimmers gekommen war, nebst einem wunderschönen Garten mit Seerosenteich. Allerdings war mir das damals nicht klar. Alles, was ich sehen konnte, war, dass es viel neuere und schönere Gebäude hinter der Halle gab, die offenkundig schicke Einzelzimmer beherbergten. Und dass der Spaziergang im Innenhof einem Hofgang für Gefängnisinsassen glich: immer schön im gleichen Karree laufen.

Menschen sind einfach lustige Geschöpfe, denn sie begreifen nur schwer, dass es voll und ganz in ihrer Macht liegt, ob sie glücklich oder unglücklich vergleichen wollen. Ja, es gibt immer einen, der es besser hat. Es gibt aber auch immer einen, der es schlechter hat. Die Frage ist: »Wohin geht mein Blick (wenn er schon zu anderen hingehen muss)?«

Mein Blick ging um 18.00 Uhr jedenfalls wenig hoffnungsvoll in Richtung Dhamma-Halle, sprich Meditationshalle. Zerrüttet von drei Stunden des Wartens, Leidens und Verzweifelns setzte ich mich auf den mir zugewiesenen Platz auf dem Boden und war gespannt. Wenn diese Sarah Macdonald in ihrem Buch »Holy Cow!« nicht übertrieben hatte, würde ich hier ja ein paar ganz spezielle Erfahrungen machen. Was mich in diesem Buch am meisten angefixt hatte, war ihre Beschreibung, wie sie sich während einer Meditation komplett aufgelöst hatte. Also wie sie gespürt hatte, dass der Körper nichts Solides war. Prima, das wollte ich auch! Welche geheime, mystische und anspruchsvolle Technik würde mich wohl dahin bringen?

Als alle ihren Platz eingenommen hatten und das Licht gedimmt war, gingen zwei Seitentüren auf, und ein Mann und eine Frau betraten die Halle. Ah, die Lehrer! Auch hier gab es wieder eine strenge Trennung von Männern und Frauen. Im linken Teil der Halle saßen die Männer, rechts die Frauen. (In der katholischen Kirche bei uns zu Hause war es genau andersrum gewesen. Als Kind hatte ich mich manchmal gefragt, ob mich der liebe Herrgott mit einem Blitz erschlagen würde, wenn ich es einmal wagen würde, mich auf die Seite der Männer zu setzen. Ich wagte nicht, es zu versuchen.) Stille. Vereinzelt ein Rascheln. Ansonsten einzig und allein ehrfurchtsvolle Stille. Ich war gespannt. Endlich gab es was zu tun! Endlich konnte ich aufpassen, jetzt würde bestimmt gleich was Tolles passieren! Was dann geschah, überstieg aber alles, was ich mir nur hätte ausmalen können.

Irgendein knarzendes Tonband wurde angestellt. Eine Audiospur, die über Lautsprecher übertragen wurde. Aha. Allerdings kam kein eloquenter Vortrag, sondern ein Mann begann zu … heute würde ich sagen: singen. Damals dachte ich eher, ich wäre bei der versteckten Kamera von »Verstehen Sie Spaß?« gelandet. Die beiden Lehrer vorne würden sich bestimmt gleich die Masken vom Kopf reißen und sich als Kurt Felix und Paola[6] zu erkennen geben. Allerdings schien ich die Einzige im Raum zu sein, die es innerlich fast zerriss bei dem Versuch,

---

6 Für die jüngeren Leser: Das waren die Moderatoren der Sendung »Verstehen Sie Spaß?«, und zwar zu der Zeit, als es noch kein Satellitenfernsehen gab. Also ganz, ganz früher, damals, kurz nach der Steinzeit, in den 80er- und 90er-Jahren.

nicht in schallendes Gelächter auszubrechen. Kennst du das? Kennst du das, wenn du wirklich, wirklich lachen musst, aber nicht darfst, weil die heilige Stille nicht gestört werden darf? Meine Güte, war das schlimm! Ich schwitzte regelrecht bei dem Versuch, dieser krächzenden, schräg tönenden Stimme ernsthaft zuzuhören. Ich dachte wirklich, das könnte niemand ernst nehmen.

Da das Leben ja seinen eigenen Humor hat, habe ich es mittlerweile bei späteren Vipassana-Kursen erlebt, dass ich selber bei der Eröffnung um 18.00 Uhr das erste Vernehmen von Goenkas Gesang als befreiend, erhebend und als Balsam für mein von der Außenwelt gestresstes Ich empfand, während eine junge Frau neben mir mit Lach- und Erstickungsanfällen zu kämpfen hatte. Das habe ich deshalb mitbekommen, weil sie im Unterdrücken nicht ganz so gut war wie ich damals. In Liebe und Mitgefühl bereits geschult, konnte ich ihr ihr ignorantes Verhalten natürlich großzügig vergeben.

Zurück aber in die Dhamma-Halle im November 2013 in Prachinburi. Meiner Meinung nach hatte ich ja bereits einen Orden verdient für drei Stunden Offline-Survival und das überlebte Implodieren bei diesem Gequake aus dem Lautsprecher. Nach der Eingangsrede Goenkas (ich wunderte mich immer noch, dass man dieses Tonband in schlechter Qualität abspielte, anstatt die richtigen Lehrer reden zu lassen) kam schließlich eine Instruktion, die es in sich hatte: Ich sollte meinen Atem beobachten. Hm, o.k., ja, das kannte ich. Allerdings sollte ich nicht nur das tun, sondern ebenfalls Empfindungen in einem bestimmten Bereich meines Körpers bei der Atmung beobachten. Alles klar, das konnte ich auch. Bestimmt. Na ja, und die Gedanken sollte man nicht abschweifen lassen. Hier sah ich nun schon die größere Herausforderung. Ich würde sie aber sicherlich meistern. Zeit genug hatte ich ja dafür. Als ich an dem Tag um 21.00 Uhr ins Bett ging (natürlich hellwach, ich ging ja sonst nicht um 21.00 Uhr ins Bett, und außerdem hatte ich noch etwas Jetlag, weil es ja in Deutschland aufgrund der unterschiedlichen Zeitzonen erst 15.00 Uhr war), war Vipassana für mich auf einer Skala von 1 bis 10, wobei 1 easy peasy und 10 die Hölle war, irgendwas zwischen 8 und 9. Und ich hatte zehn volle Tage vor mir.

TAG 1

4.00 Uhr. Die Glocke bimmelt zum ersten Mal. Ich weiß, dass um 4.30 Uhr das beginnen würde, was einer Folter schon recht nahe kam. Die ganze Nacht hatte ich wach gelegen, um einerseits Tränen zu weinen wegen meines Unvermögens, mit meinem Freund in Kontakt zu treten, damit er ja nichts Falsches denken würde (= Horror-vorstellung), und um mich andererseits davor zu gru-seln, den kommenden Tag damit zu verbringen, meine Empfindungen um die Nase herum zu beobachten, und nicht mal anderen sagen zu dürfen, wie blöd man das alles fand. Beim zweiten Gong (jetzt wurde ich langsam müde) wuselten auf dem Gang, natürlich wortlos, schon die Thailänderinnen herum, um sich die Zähne zu put-zen, zu duschen, aufs Klo zu gehen, um gleich die erste Runde Vipassana zu starten. Immerhin durften wir das auf unseren Zimmern tun. Was soll's, dann würde ich eben, gefühlt mitten in der Nacht, jetzt aufstehen. Ich hatte in meinem Leben ja schon ganz andere Dinge ge-meistert.

Nach der Morgentoilette ging ich zurück auf mein Zim-mer. Im Kopf ununterbrochen mein Drama »Ich muss ihn unbedingt erreichen und klarstellen, wie ich das in der E-Mail gemeint habe!!!!!!«, gepaart mit »Ich muss meine E-Mails checken! – Oh, ich kann ja gar nicht« plus »Ich dreh ja durch, zehn Tage, bin ich irre?!«. Natürlich war ich aber nach wie vor entschlossen, dieses Abenteuer der ganz speziellen Art durchzuziehen. Ich meine, das konnte ich nicht bringen, dass ich jedem von meiner Vipassana-Teilnahme erzählt und meinen Autoresponder voller Stolz entsprechend eingestellt hatte, um dann kleinlaut vorzeitig die Flucht zu ergreifen. Nein, keinesfalls würde ich aufgeben, das erlaubte allein mein Perfektionismus, gepaart mit einer Prise Stolz und Selbstachtung, ja gar nicht! Also hinsetzen, ans Bett anlehnen (Oh ja, viel besser als auf dem Boden in der Halle!), Augen zu und durch, im wortwörtlichen Sinne.

Atem beobachten. Komm schon, zwei Stunden gehen rum. Das ist wie eine Doppelstunde Unterricht in der Schule plus große Pause. Das ist eine Zeiteinheit, mit der ich leben kann, das geht im Alltag ja auch immer wieder rum. Also ging, denn der Schule hatte ich ja den Rücken gekehrt. Anstatt gerade mit Siebtklässlern eine Inhaltszusammenfassung einzuüben, saß ich auf einem Bett, eher auf einer Pritsche, und beobachtete stundenlang meinen Atem. Ich hatte mich in den 16 Monaten, in denen ich schon nicht mehr im Schuldienst tätig war, eindeutig weiterentwickelt.

Meine Gedanken bündelten sich, und ich fokussierte mich genau auf die Beobachtung der Nasenregion und darauf, wie es sich anfühlte, den Atem einströmen zu spüren, und aus und … Wenn das meine Mutter wüsste! Meine Güte, die regte sich eh schon so darüber auf, dass ich mir angeblich mein Leben versaute. Wenn die das jetzt sehen würde, wie ich meine Lebenszeit verplempere, die würde ja … Huch, nicht aufgepasst, schnell wieder hin zur Nase. Und einatmen und … von meinem Vater mal ganz zu schweigen, der mir ja jedes Mal vorrechnete, wie viel ihn mein Studium gekostet hatte. Dabei sollte der sich doch mal lieber darauf konzentrieren, dass … Konzentrieren, genau! Himmel, die E-Mail! Oh Gott, das ist alles so schlimm. (Tränen fangen an zu laufen.) Das kann ja wohl nicht wahr sein, dass man hier keine E-Mail schreiben darf. Ich meine, es geht ja hier um einen Notfall! Was machen die denn, wenn ich mir das Bein abhacke? Muss ich dann auch »noble silence«[7] halten? Zutrauen würde ich das denen ja. Ich sollte … Ah, Mist, die Atmung! Nase, einatmen, ausatmen, ein … Ich muss die E-Mail schreiben, unbedingt!!! Wenn ich das nicht kann, wird alles aus sein! Er wird das ganz anders interpretieren, und dann wird er sich denken: »Was für eine dumme Nuss!« Und dann trifft er sich mit einer anderen, und wenn ich zurückkomme, will er nichts mehr von mir wissen! Und alles nur, weil … Gott, bin ich müde. Ich glaube, ich atme mal eben kurz im Liegen weiter … Einatmen, ausatmen, beruhig dich, Silvia Maria, beruhig dich. Vielleicht kann ich ja mal fragen, ob ich eine E-Mail … einatmen … aus …

---

7 engl.: »edle Stille«

Gong, gong, gong!!!

Oh, Mist, Frühstück! Ah, Gott sei Dank, Frühstück! Hm, na gut, dann habe ich eben die ersten beiden Stunden verpennt. Aber mal ehrlich: Wenn man zehn Tage meditieren soll, kommt es doch auf die zwei Stunden auch nicht wirklich an. Erst mal was essen! …

Das nur mal als kleinen Einblick in meinen Kopf. Und ehrlich gesagt: Das ist alles noch schwer untertrieben. Denn mein Kopf glich eher einer sechsspurigen Autobahn, wobei vier Spuren mit Drama besetzt waren, eine weitere mit »Ich bin so müde« und die letzte mit »Ich muss meine E-Mails checken – ach, ne, geht nicht!«. Bereits zur Mittagszeit war ich nervlich am Ende. Meine »Fluchtideen« begannen, mehr und mehr Form anzunehmen. Die Vorstellung, zehn dieser grässlichen Tage (Eigentlich elf!!! Betrug!!!) aushalten zu müssen – Hölle pur. War der Vormittag schon schlimm, obwohl ich ja sogar die zwei Morgenstunden so gut wie komplett verschlafen hatte, graute es mir nun vor dem Nachmittag unendlich! Denn wenn es von 8.00 bis 11.00 Uhr schon drei unendliche Stunden waren, wie würden sich dann wohl die vier von 13.00 bis 17.00 Uhr anfühlen?!

Die Tatsache, dass ich dieses Buch hier vier Jahre später für das geneigte Publikum schreibe, beweist, dass ich, wider jede eigene Erwartung, diesen Tag überlebt hatte. Am Abend erwartete mich sogar ein ungeahntes Highlight: der Dhamma-Vortrag von S. N. Goenka, gezwungenermaßen auf Deutsch. (Beim ersten Mal muss man ihn sich in der Muttersprache anhören, auch wenn man schwören würde, dass man Englisch fließend spricht und versteht.) Verstehst du? Wenn du meinst, du kannst nicht mehr, dann kommt von irgendwo ein Lichtlein her! In meinem Fall waren das Kopfhörer, mit denen ich eine Stimme hören konnte, die zu mir sprach. Abwechslung pur! Das änderte aber nichts daran, dass immer noch eine weitere Stunde des Grauens (»Focus on your breath!«[8]) vor mir lag. Der Dhamma-Vortrag erleichterte mir in den kommenden Tagen auch insofern noch das Leben, als dass ich zusah, dass ich immer die Erste im Raum für die Ausländer war und somit als Erste auch fertig war. Was wiederum bedeutete, dass ich eine Weile spazieren gehen oder auf meinem Bett liegen konnte, während in der Halle oben noch der Vortrag auf Englisch lief, der scheinbar später anfing und länger dauerte als die Variante mit dem deutschen Sprecher (Yes!!!). Man schafft sich so seine Rettungsinseln in der Not.

Jedenfalls war mir am Abend des ersten Tags auf meiner Pritsche klar: Weitere neun Tage dieser Sorte wür-

8 engl.: »Konzentriere dich auf deinen Atem!«

de ich nicht überleben. Aus, Ende. Unmöglich. Da man ja sonst nichts anderes hört, hört man die Stimmen im Kopf umso lauter. Die Tränen liefen immer noch fleißig. (Ich musste ja immer noch die rettende E-Mail schreiben, um das Missverständnis aufzuklären, das stündlich in meinem Kopf zu einem größeren Drama anwuchs.) Daneben schrieb ich mittlerweile im Kopf ein Buch sowie einen Artikel für das Engelmagazin über meinen Aufenthalt hier. Das führte zu der panischen Vorstellung, ich könnte meine genialen Gedanken wieder verlieren, weil ich ja keine Notizen machen durfte. Verstehst du, da fallen einem Wortwitze ein, gekonnte Überleitungen, der gesamte Artikel rattert durch deinen Kopf – und du kannst nur dasitzen und musst das wegschieben, weil du deinen Atem beobachten sollst, was ja zu einem unweigerlichen Verlust dieser Genialität führen muss!

Versteht hier irgendwer, wie schlimm das alles war?!

Ich heute nicht mehr so genau. Allerdings erinnere ich mich daran, dass ich das damals wahrlich nicht komisch fand. Ich fand das so unkomisch, dass am späten Nachmittag, kurz vor meinem Tod durch Atembeobachtung, ein Gedanke in meinem Kopf lauter wurde, der da lautete: »Krankwerden ist die Lösung!« Meine Ratio übernahm sofort das Ruder und rief dagegen: »Nein, Krankwerden ist nie eine Lösung!« – »Dummkopf! Natürlich ist Krankwerden eine Lösung, sogar die einzige! Nur wer krank ist, darf ungestraft im Bett liegen bleiben!« So jedenfalls sieht das aus, wenn man mitbekommt, was das Unterbewusstsein als »Lösung« vorschlägt. Ich kannte diese Stimme. Sie ging mir auch ab und an durch den Kopf, als ich noch im Schuldienst war. Wenn ich das jemandem erzähle, der die Grippe hat, zeigt der mir einen Vogel. Weil er seine leisen, feinen Gedanken nicht hören kann. Aber ich weiß, was da oben alles so los ist. Vor allem habe ich prompt die Macht der Gedanken am eigenen Leibe erfahren.

TAG 2

Ich nehme in der Chronologie mal eben etwas vorweg: In seinem Dhamma-Vortrag später am Abend erklärte Goenka schmunzelnd (bzw. die deutsche Übersetzerstimme, nicht minder belustigt), dass Tag 2 eine der härtesten Prüfungen sei. Er selber wollte an seinem zweiten Tag des ersten Kurses weglaufen. Ich bestätige hiermit schriftlich, dass Tag 2 durchaus eine Steigerung von Tag 1 sein kann. Meinte ich am Tag zuvor noch, es sei die Hölle gewesen, so durfte ich heute feststellen: Tag 1 war nur die Vorhölle. Tag 2, das war die richtige, anständige Hölle!

Die Tränen liefen ohne Unterlass. Zudem war es mir über Nacht gelungen, mich krank zu wünschen. Und zwar äußerst erfolgreich! Mit Kopfschmerzen, Übelkeit, Zittern und völliger Schwäche im gesamten Körper. Eine wirklich überzeugende Kreation, so konnte man doch niemanden zwingen, zum Meditieren zu gehen! Wäre es mir nicht so schlecht gegangen, wäre ich mit Sicherheit stolz auf mich gewesen. Ich meine, wer kann schon von sich behaupten, eine so schnelle und effektive Schöpferin zu sein?

Mit einer Mischung aus Elend und Zufriedenheit über den Gedanken, nicht in die Halle zu müssen, blieb ich liegen und ließ das Frühstück ausfallen. Mir war ja ohnehin schlecht, an Aufstehen war nicht zu denken. Ich wurde allerdings unsanft aus meinem tränenreichen Drama (»Ich will endlich telefonieren und dieses Missverständnis aufklären!!!!«) aus dem Bett gerissen, als um kurz nach 8.00 Uhr eine der Assistentinnen klopfte und den Kopf durch die Tür steckte. Wo ich bliebe, wollte sie wissen. »I am so sick, I can't come and meditate«[9], erklärte ich, vielleicht mit einer noch etwas winseligeren Stimme als nötig. Wenn man etwas gefragt wird, darf man natürlich schon antworten, »noble silence« hin oder her. Die freundliche Thailänderin steckte in einer Zwickmühle. Das war für sie ein echtes Dilemma. Denn es gibt drei Stunden am Tag, an denen es absolute Pflicht ist, gemeinsam mit allen anderen in der Dhamma-Halle zu meditieren: von 8.00 bis 9.00 Uhr, von 14.30 bis 15.30 Uhr und von 18.00 bis 19.00 Uhr. No excuses.[10] Gleichzeitig schwelgte sie in Mitgefühl für mich, wie ich da zitterte und schwitzte. Sie flitzte also zurück zur Lehrerin. Und dann das: Ich müsse in die Halle, krank oder nicht. Es sei keine Option, die gemeinsame Stunde zu versäumen! Ich dachte, mein Schwein pfeift! Sauer, missmutig, schwach auf den Beinen und mit Brummschädel schleppte ich mich (vielleicht wieder ein Stück dramatischer als nötig) die Treppe zur Dhamma-Halle hoch, um mich, nicht ohne missbilligenden Blick in Richtung Lehrerin, auf meinen Platz zu setzen und nun auch noch den von gestern angestrengten Rücken mit Gleichmut hinzunehmen. Na prima.

---

9 engl.: »Ich bin so krank, ich kann nicht kommen und meditieren!«
10 engl.: »Keine Ausreden.«

Nach der Stunde teilte ich der Lehrerin noch mal mit, dass das so nicht ginge. Sie hatte schließlich ein Einsehen und machte eine grooooooooße Ausnahme. Ich durfte den Rest des Tages im Bett bleiben, sollte aber den Atem weiter beobachten. Nie war das Liegen auf einer Pritsche schöner gewesen! Selbstverständlich weinte ich weiter, aber immerhin liegend auf meinem Bett. Das hatte was, eindeutig.

Abends ging ich zum Tee. Dort sprach mich eine Helferin an, weil meine Tränen nonstop liefen. Ein bisschen tat sie mir leid, denn so, wie sie mich ansah, dachte sie bei meinem Erscheinungsbild wohl, dass kurz vor meinem Kursantritt meine gesamte Familie gestorben sein müsste und nicht etwa, dass ich mich mit nicht schreibbaren E-Mails befasste. Sie nahm mich zur Seite und setzte mich allen Ernstes auf einen Sessel in dem Raum, in dem Schließfach Nr. 2 war! Mein Glück zum Greifen nah! Ich sah sie an, weinte und weinte und schluchzte: »I just need to write one e-mail, one phone call!«[11] Ihr Herz war erfüllt von Mitgefühl. Schließlich sagte sie den Satz, der dem Ganzen eine absolute Wende geben sollte: »I understand. We all went through that.«[12] We all went through that. Wow. Irgendwie durchdrangen diese fünf Wörter meinen Dramaschleier. Natürlich! Was mache ich eigentlich hier? Ich bin in der tiefsten, schönsten Natur Thai-

---

11 engl.: »Ich muss nur eine E-Mail schreiben, ein Anruf!«
12 engl.: »Ich verstehe dich. Wir haben das alle durchgemacht.«

lands, in einem Meditationszentrum, in dem vollauf für mich gesorgt ist. Es gibt wunderbares Essen, ich bekomme einen Kurs geschenkt, und alles, was ich tun muss, ist, mir selber mit mir Zeit zu schenken. Statt das alles zu genießen, badete ich seit 48 Stunden im »Dramakanal« und mache mir vor, ich würde darin ersaufen. We all went through that. Wie es anderen wohl dabei ginge? Mir wurde bewusst, dass es hier sicher Menschen gab, die wirkliche Probleme hatten. Menschen, die tatsächlich versuchten, einen Verlust zu verarbeiten. Die vielleicht sogar schwer krank waren. Und ich benahm mich wie ein nach Aufmerksamkeit heischendes Kleinkind, dem man sein Lieblingsspielzeug weggenommen hatte und das nur denken konnte: »Ich muss meine E-Mails checken!«

Das war der Moment, in dem meine Dramaqueen aufgedeckt wurde.[13]

Noch nie zuvor hatte ich so glasklar erkannt, dass wir verrückt sind. Wir sind gefangen in den Dramen unseres Geistes, die uns verwirren und nichts mit der Realität zu tun haben. Obwohl ich schon zwei Tage im Meditationszentrum war, war ich immer nur woanders gewesen. Ich hatte gegen Vipassana angekämpft, mit aller Macht.

---

13 Die Dramaqueen ist in »Meine 26 Egos und ich« das Ego Nummer 1, natürlich. Wenn du mehr darüber erfahren möchtest, warum wir aus bestimmten Dingen ein Drama machen, anstatt es hinnehmen zu können, empfehle ich dir von Herzen dieses Buch. Zu seiner Entstehung kommen wir später noch.

Und nun saß ich da, drei Meter von meinen technischen Lebensrettern entfernt, und sie verloren mit einem Mal an Bedeutung. Die Gier nach ihnen, dieses Fach Nr. 2, es löste sich in Gegenwart dieser geduldigen, mitfühlenden Thailänderin auf. We all went through that. Drama ruft Trennung hervor, denn Drama geht immer auch mit Wettbewerb einher: »Keinem geht es so schlecht wie mir! Keiner versteht mich! Keiner ahnt, was ich durchmache!« Dabei ist genau diese Trennung einer der Hauptgründe für dieses Leid.

Ich stand auf, sagte »Thank you«, ließ mein Drama los und beschloss, von nun an ernsthaft zu meditieren, wie schwer es mir auch fallen würde. Als ich gegen 22.00 Uhr einschlief, tat ich das mit einem kleinen Lächeln auf den Lippen, voller Hoffnung: »Nur noch acht. Acht Tage …«

TAG 3

Das Frühstück fiel an diesem Tag für mich noch aus, doch mittags konnte ich wieder etwas essen. Der Tag war lang, und Freude empfand ich nicht gerade beim erneuten stundenlangen Beobachten meines Atems. Doch irgendwie war es … erträglicher.

Tage wie diese zeigen einem, dass Zeit wirklich etwas Relatives ist. Wie lang ein Tag sein kann, das begreift man wohl erst, wenn man Vipassana praktiziert, fernab von jeglicher Ablenkungsmöglichkeit. Immer noch ertappte ich mich bei dem Gedanken: »Ich muss mal eben meine Mails checken!« Mir wurde klar, dass dieser »eben mal schnelle« Blick auf das Handy in Wahrheit ein Suchtverhalten ist, das in unserer Gesellschaft einen ganz selbstverständlichen Platz eingenommen hat. Während man auf Heroinsüchtige herabblickt, hält man die eigenen Süchte für normal, weil es ja alle so machen. Und weil man sich einredet, das müsse so sein, anders ginge es ja gar nicht mehr.

Abends wusste ich schon nicht mehr, wie ich sitzen sollte. Damit der Rücken ein bisschen weniger wehtat, fand ich eine Position für die gemeinsame Stunde, die mal anders war: Ich stopfte mir eine Menge Kissen zwischen die Beine und legte diese nach hinten, sodass ich quasi halb kniete, während ich auf den Kissen saß. Das war prima, mein Rücken war gerade und entspannt. Hurra, ein Lichtblick! Allerdings wurde mir klar, dass ich so nicht lange würde sitzen können, weil dabei natürlich Druck auf die Knie ausgeübt wird, und mit meinen Knien hatte ich seit meiner Pubertät schon Probleme. Egal, zehn Minuten so sitzen und dann wechseln, und alles wäre gut.

Hm, nur dass dann etwas geschah, womit ich nicht gerechnet hatte: Adhitthana wurde eingeführt, »sitting with strong determination«. Also Sitzen mit großer Willens- und Entschlusskraft. Heißt: Wir würden uns alle in dieser Stunde kein bisschen bewegen, komme, was wolle! Na dann prost Mahlzeit! Bereits als Goenka das über den Lautsprecher bekannt gab, taten mir die Knie ein bisschen weh. Nicht genug, dass ich mein großes Drama gerade erst überstanden hatte und jetzt bereit war, das Ding hier einfach durchzuziehen. Nein, jetzt auch noch das! »Was denn noch?!«, möchte man in solchen Momenten dem Himmel klagend entgegenwerfen! Die Antwort hierauf an diesem Abend lautete: »Das.«

Nun ist es so, dass ich erst bei meinem zweiten Vipassana-Kurs in Frankreich bewusst hörte, dass Goenka an dieser Stelle sagt, dass neue Schüler sich (lediglich) darum bemühen sollten, vollkommen still zu sitzen. Das war mir in Thailand so entgangen. Alles, was ich gehört hatte, war: »Das darfst du nicht!« Dabei wurde in mir nicht die Dramaqueen gekitzelt, sondern mein Ehrgeizling. Anscheinend konnte das jeder hier im Raum aushalten, dann würde ich das ja wohl auch schaffen.

Wie soll man jetzt eine Stunde schildern, in der man vor Schmerzen Sturzbäche schwitzt, sich nicht bewegen »darf« und der Kopf von einem einzigen Gedanken erfüllt ist: »Wann fängt der endlich an zu singen?!« Die Stunden endeten nämlich immer mit dem Gesang Goenkas, der mir am Tag der Anreise so lustig vorgekommen war. Mittlerweile war dies für mich eine süße, liebliche und willkommene Stimme geworden, verhieß sie doch das nahende Ende all meiner Seelen- und Geistesqualen! Die körperlichen nicht zu vergessen!

Doch dieses Mal war es schlimmer denn je. Der Lehrer musste vergessen haben, auf die Uhr zu schauen. Ganz sicher war etwas schiefgelaufen. Allerdings durfte ich ja auch die Augen nicht öffnen. Vielleicht ein klein wenig blinzeln … Tatsächlich, der Lehrer da vorne schlief! Sein Kopf hing runter! Konnte mal irgendwer da hingehen und den aufwecken?! Es mussten doch schon eher eineinhalb Stunden sein!!! Mein Gott, das durfte nicht wahr sein. Da saß ich nun, gefangen in dieser Position, ein Körper voller Schmerzen und Schweiß, und der Lehrer verpennt es, den finalen Gesang vom Tonband einzuspielen! Ich weiß ja nicht, ob du so was schon mal erlebt hast, aber: Minuten, ach was, Sekunden können tatsächlich Stunden sein!

Nachdem ich also gefühlte hundert Mal gestorben war, passierte irgendwann das Unvermeidliche: Das Ende nahte. Tatsächlich, Goenkas Stimme hob zum großen Finale an! Tränen der Dankbarkeit stiegen in mir auf, parallel zu meinen Schmerzenstränen versteht sich. Und nur, damit du verstehst, dass ich hier nicht übertreibe (hier wirklich nicht): Ich konnte am Ende der Stunde nicht aufstehen. Meine Knie waren so im Eimer, dass ich mich irgendwann unter Schmerzen auf die Seite fallen lassen musste, um ganz, ganz langsam die Beine wieder bewegen zu können. Ich humpelte einige Zeit später aus dem Saal und hoffte nur eins: dass ich mir mit dieser Nummer die Knie nicht auf alle Zeit total verdorben hatte. Denn das fühlte sich so gar nicht gut an.

Als Konsequenz (kein Schaden, wo man nicht Kapital daraus schlagen könnte) ging ich zu einer Assistentin und beharrte darauf, dass ich auch so eine Rückenlehne für den Sitz auf dem Boden kriegen müsse, wie ich sie vereinzelt im Saal gesehen hatte. Erst zierte sie sich, aber welche Thailänderin kann beim vehementen Verlangen einer 1,76 m großen Deutschen schon standhaft bleiben? Ich bekam, was ich wollte, und saß von nun an entspannter auf dem Boden, der Dinge harrend, die da noch kommen würden. Viel schlimmer als die ersten drei (vier!) Tage ging es ja wohl nicht mehr.
Um es noch vorwegzunehmen: Das Thema Knieschmerzen beschäftigte mich tatsächlich fast den ganzen Kurs

über noch. Zwischenzeitlich war ich wirklich fast sicher, mir mit dieser Schmerzsitzaktion ein Leiden fürs Leben geschaffen zu haben. (Welche Ironie!) Allerdings verließ ich den Kurs aufrechten Ganges und mit schmerzfreien Knien. Glück gehabt! Oder vielleicht auch etwas anderes als Glück.

Unter Pein überstand ich jedenfalls dann den Abendvortrag und danach … noch mal in diese verhasste Halle! Ja, dieser Tag 3 war lang, unendlich lang. Am Ende seiner Unendlichkeit stand der Gedanke: »Noch sieben.«

TAG 4

Dieser Tag ist ein wunderbares Beispiel dafür, was im Leben passiert, wenn man loslässt. In diesem Fall: ich meinen Widerstand. Von der anfänglichen Krankheit war nichts mehr zu spüren, und mein Appetit war zurückgekehrt. Allein die Knie taten mir immer noch weh. Und irgendwie hatte ich meinen Frieden mit meinem Hiersein gemacht. Ja, es kam mir noch unendlich lange vor, und ich wusste nicht wirklich, wie ich meinen Aufenthalt gestalten sollte, sodass er Erfüllung brächte. Aber ich wehrte mich nicht mehr. Ich kämpfte nicht mehr dagegen an. Es fiel mir zunehmend leichter, ein paar Atemzüge lang wirklich mit der Beobachtung bei der Atmung zu bleiben. Und, wie sollte es auch anders sein, mit dem Wachsen dieser Fähigkeit stiegen die Entspannung, die Gelassenheit und die Geduld. Wenn wir im Leben genau das tun, uns nicht mehr wehren, mit dem Fluss gehen, dann ist auch Raum für etwas Schönes. In meinem Fall war das eine Überraschung am Nachmittag, von der ich nichts ahnte:

Vipassana.

Bis dahin hatte ich gedacht, dieses Beobachten des Atems sei Vipassana. Was ich nicht wusste, war, dass wir ein Drittel der Zeit Anapana praktiziert hatten, was alleine dazu dient, den Geist zu schärfen. Denn Vipassana kann nur dann helfen, den Geist zu reinigen, wenn man ein scharfer Beobachter ist und den eigenen Geist im Zaum halten kann. All das, was ich dachte, zehn (elf!) Tage erdulden zu müssen, war in Wahrheit das notwendige Vorspiel für Vipassana. Das, wofür ich ja gekommen war!

Am Nachmittag des vierten Tages bekam man dann die lange Einweisung in die Vipassana-Technik nach S. N. Goenka in der Tradition von U Ba Khin. Dafür durfte man zwei Stunden lang die Halle auf keinen Fall verlassen. Als ich von meinem Tonbandlehrer, den ich mittlerweile gar nicht mehr so lachhaft, sondern eher liebenswert fand, die Anweisungen erhielt, erinnerte ich mich an das, was mir in Indien gesagt worden war: »Du praktizierst Vipassana schon, ohne zu wissen, dass es Vipassana ist!« Ja, so war es. Es gab ein paar kleine, feine Unterschiede, aber im Grunde erwies sich Vipassana als mir etwas sehr Vertrautes. Tatsächlich nutzte ich eine sehr ähnliche Form bereits seit drei Jahren, um mich und andere von Blockaden zu befreien. Einer der Gründe für mein Drama in den ersten Tagen war, dass ich wütend war, weil ich Techniken zur Hand gehabt hätte, um mit meinen hochkochenden Emotionen umzugehen, ich sie aber nicht nutzen konnte, weil ich ja zugesagt hatte, mich zehn Tage lang ausschließlich an die Vorgaben von S. N. Goenka zu halten. Und das, so kann ich heute überzeugt sagen, ist absolut richtig! Es ergibt keinen Sinn, etwas Neues erlernen zu wollen, wenn man es mit Altem vermischt. Das kann komische Ergebnisse geben.

Wenn man sich Vipassana für zehn Tage unterwirft, hat das nichts mit irgendeinem Sektenkram zu tun, sondern vielmehr mit der Hingabe an eine Technik. Stellt man danach fest, dass es nicht so das Ding für einen war, kann man getrost weitermachen wie bisher. Aber um die Benefits zu erfahren, muss man sich eben genau an die Regeln halten. Ich kann ja auch nicht sagen: »Ich will genau den Schweinebraten essen, den der Schuhbeck kocht. Aber ich mache ihn mal ein bisschen anders, als er das im Rezept vorschlägt. Und ich mache ihn auch mit Rind, weil ich das lieber mag.« Das ist unsinnig, und bei dem Rezept leuchtet das ja gleich ein. So ist das auch mit der Unterwerfung im Meditationszentrum für zehn Tage. Du unterwirfst dich keiner Person, sondern du gibst dich einer Technik hin. Und wenn ich das be-fürworte, ich, Miss Unabhängigkeit und »Mir schreibt keiner vor, was ich tun soll!«, dann kannst du wirklich glauben, dass das alles Sinn ergibt.

Vipassana mochte ich. Endlich hatte ich was zu tun au-ßer dieser Atembeobachterei. Durch meine zunehmende Ruhe konnte ich aber erkennen, dass es wichtig gewesen war, alles nach Vorschrift zu machen. Außerdem war meine Vorfreude enorm, denn morgen wäre ja schon Tag 5! Und wenn der erst rum wäre, würde das bedeu-ten, dass ich die Hälfte geschafft hätte und ab da alles weniger lang wäre als die Strecke bis dahin! Auf Tag 5 wartete ich schon seit drei Tagen, und morgen, mor-gen …

TAG 5

Tag 5, Tag 5!

Endlich war Tag 5. Interessanterweise war mir das an dem Tag egal. Irgendetwas in mir hatte wirklich Frieden geschlossen, und ich hatte aufgehört, die Tage, die Stunden und die Minuten zu zählen. Ich war präsenter, konnte mich mehr dem hingeben, was da war. Das war unglaublich befreiend! Noch heute erinnere ich mich an den Spaziergang nach dem Mittagessen, bei dem ich erstaunt feststellte, dass es mir egal war, ob heute Tag 5, 3 oder 9 wäre. Es spielte keine Rolle mehr.

Vipassana ist keine Meditation, bei der es darum geht, den Geist zu beruhigen, auch wenn es so aussehen mag. Vielmehr ist es eine Reinigungstechnik. Es geht darum, die Unreinheiten des Geistes aufsteigen zu lassen und sie durch reines, absichtsloses Beobachten zur Auflösung zu bringen. Anders gesagt: Ich erinnere mich daran, wie mir unrecht getan wurde, und ich werde wütend, wenn ich daran denke. Das darf ich auch sein, nur mit einem großen Unterschied: Ich beobachte die Wut. Und finde Erlösung in dem, was Goenka so oft wiederholt: »Arising and passing away«, es steigt auf und vergeht. Das ist das Gesetz der Natur. Alles entsteht, und alles vergeht. Lernen wir, dies zu meistern, so können wir frei werden von Leid. Klingt gut, oder? Und so einfach!

Tatsächlich macht uns die menschliche Natur mit ihren Prägungen genau das so schwer. Anders als der Baum, der im Frühjahr neue Blätter hervorbringt und sie im Herbst einfach wieder fallen lässt, um nach einer Ruhezeit erneut neue Blätter wachsen zu lassen, verbringen wir einen großen Teil unseres Lebens mit Geschrei darüber, was wir jetzt nicht haben oder was wir nicht hergeben wollen. Vipassana lehrt Gleichmut. Keinesfalls Freudlosigkeit, im Gegenteil! Es gibt viel mehr Gründe, sich zu freuen, als es nicht zu tun. Nur sollen wir uns auch an die freudvollen Momente nicht klammern. Wir sollen sie genießen. Und wenn sie vorbei sind, sind sie vorbei. Leid entsteht dann, wenn wir beginnen zu klagen: »Ich will nicht, dass der Urlaub vorbei ist! Ich will morgen nicht wieder zur Arbeit!« Wie oft versauen wir uns den letzten Urlaubstag durch genau dieses Gejammer, anstatt einfach einen unbeschwerten Tag zu verbringen, voller Hingabe an den Moment? Vipassana ist ein Ausweg aus diesem ewigen Anhaften und Sichwehren gegen das, was ist.

So wurde auch an diesem Tag viel altes Zeug in mir hochgespült. Da mir Vipassana in seinen Grundzügen bereits vertraut war, begann ich, mehr und mehr Frieden zu finden, denn nun konnte ich das tun, was mir guttat: Ich ließ es zu und betrachtete es mit Gleichmut, sodass es sich auflöste. Ja.

Tag 5 war aber auch der Tag, an dem ich die »edle Stille« brechen musste. Zumindest hielt ich es für erforderlich. Ich meditierte gerade in den Nachmittagsstunden auf meiner Pritsche, als es einen dumpfen Aufprall direkt vor meiner Tür gab. Instinktiv sprang ich auf, und – tatsächlich: Da lag eine Frau ohnmächtig auf dem Boden! Neben mir ging auch eine Tür auf, und hinter mir stand im Gang bereits eine weitere Teilnehmerin. Beide waren wie erstarrt, sie wussten nicht, was sie tun sollten. Eigentlich sollten sie sich ja um nichts außer sich selbst kümmern. Ihr Dilemma unterbrach ich mit klaren Anweisungen: »Get her some water!«[14], befahl ich der Frau neben mir. Der anderen rief ich zu: »Go and get one of the assistants, be quick!«[15] Es gibt in jedem Kurs Assistentinnen und Assistenten, die den Lehrern untergeordnet sind. Sie darf man ansprechen, falls man ein dringendes Anliegen hat. In solchen Fällen darf man die »edle Stille« auch unterbrechen, aber niemals anderen Teilnehmern gegenüber. Das war wohl auch der Grund für das hilflose Herumstehen der beiden. Ich hielt den Kopf der jungen Frau auf dem Boden, bedauerte, dass ich ihr nichts Tröstliches in ihrer Muttersprache sagen konnte, und hoffte, dass sie mein Englisch verstand. Ich hielt sie fest, sagte ihr, dass alles gut werden würde, gab

---

14 engl.: »Hol ihr Wasser!«
15 engl.: »Lauf, und hol schnell eine der Assistentinnen! Beeil dich!«

ihr Wasser zu trinken und sprach beruhigende Worte, bis die Assistentin kam. Dann übergab ich die Pflege der Ohnmächtigen an eben diese und zog mich direkt in mein Zimmer zurück.

Ja, ich habe eine sehr wichtige Regel gebrochen, von der es heißt, dass man sich unter keinen Umständen über sie hinwegsetzen dürfe. Ich glaube aber, dass es Momente im Leben gibt, in denen das Brechen von Regeln die wichtigste Sache der Welt ist. Denn es gibt eine universelle Regel, die über allen anderen menschengemachten Regeln steht. Sie lautet: Mitgefühl.

TAG 6

Endlich, es war so weit: Die Magie von Vipassana fing an, ihre Kraft zu entfalten.

Der Tagesablauf fühlte sich wunderbar monoton an. Nichts, was außerhalb dieses Zentrums geschah, spielte noch eine Rolle. Ich war bei mir, fühlte mich bei mir und in mir wohl. Tatsächlich war dies, rückblickend betrachtet, auch der erste Tag, an dem ich nicht mehr reflexartig »Ich muss noch mal eben schnell die E-Mails checken!« dachte. Es war weg. Im Gegenteil, solche Dinge erschienen wie pure Zeitverschwendung. Viel angenehmer war es, in der Dhamma-Halle zu sitzen und Vipassana zu praktizieren. Was für eine Befreiung!

Nun war also Ruhe einkehrt. Für einen zeitlebens recht unruhigen Geist wie den meinen eine unbeschreiblich schöne, zauberhafte Erfahrung. Was nicht bedeutete, dass nichts passiert wäre, im Gegenteil. Nun, in dieser Stille und in der Akzeptanz, dass ich genau zu diesem Zeitpunkt genau dort war, wo ich war, konnte das stattfinden, was eines der ganz besonderen Dinge von Vipassana ist: Die tief vergrabenen Wurzeln unseres Leidens können an die Oberfläche kommen. In diesem Fall spülte es etwas in mir hoch, was (Überraschung) mit meinem Drama der ersten Tage verknüpft war: die Sache mit der E-Mail. Genauer gesagt: mit dem Empfänger der E-Mail.

Oder um es noch präziser benennen: Im Grunde ging es gar nicht um ihn. Es ging um meine Romantikerin[16], die hier mit einem Mal sehr laut und deutlich wurde.

Was ist damit gemeint?

Nun, wir haben viele, viele Egos in unseren Köpfen. Mir ist bewusst, dass die meisten Menschen nur von einem Ego sprechen. Um aber besser verstehen zu können, was es damit auf sich hat, habe ich es in viele kleine Scheiben, einzelne Egos, geschnitten. So ist dieser kleine Tyrann einfach besser zu fassen. Gemeinhin zeigt sich das Ego in Form einer sehr leisen, oft gar nicht bewusst hörbaren Stimme im Kopf. Sie flüstert zum Beispiel: »Vergiss es! Das schaffst du nie!«, oder auch schon mal: »Die haben doch keine Ahnung! Ich weiß es am besten!« Die Bandbreite ist riesig, und weil das Ego (lat.: »ich«) sehr schlau ist, benutzt es einen Trick, von dem es seinen Namen hat: Es spricht in deinem Kopf in der ersten Person (»ich«), sodass du denkst, das wärst wirklich du. Verstehst du? Die Stimme in deinem Kopf sagt: »Ich schaffe das nie!«, und du identifizierst dich mit diesem Gedanken aufgrund dieses Ichs. Ich sag's ja, ein schlauer Bruder! Oder eine schlaue Schwester, je nachdem. Natürlich gilt das auch

---

16 Mit »Romantikerin« ist das Ego gemeint, dem ich ein eigenes, gleichnamiges Kapitel in »Meine 26 Egos und ich« gewidmet habe. Auf dieses Buch wird hier im Verlauf der ersten Vipassana-Erfahrung noch näher eingegangen. Hierin beschreibe ich unsere tief verwurzelte Sehnsucht danach, bedingungslos von einem anderen Menschen geliebt zu werden.

für positive Dinge, die wir so in Ich-Form denken. Die stehen unserer Lebensfreude allerdings erst in der Meisterklasse im Weg, sodass sie für ein »normales Alltagsglück« eher förderlich als hinderlich sind.

Wie gesagt, diese glückssabotierenden Stimmen sind oft sehr, sehr leise, sehr fein. (Und darum werden sie auch gar nicht als Fremdbestimmung erkannt.) Wird es aber still um einen herum und dann auch noch in einem selber, dann ist die Zeit gekommen, das Getöne der Stimme in voller Pracht erschallen zu hören. Was bis dahin Hintergrundgedudel war, klingt mit einem Mal wie eine laute Band, vor der man direkt steht. In meinem Fall war das an diesem wunderbar stillen Tag: die Romantikerin.

Ich saß am Nachmittag entspannt und friedlich in der Dhamma-Halle, als es losging. Der Zusammenhang zwischen Geist und Körper war für mich hier besonders deutlich spürbar, denn (Und ich garantiere, dass ich nicht übertreibe!) mein Körper, im Schneidersitz auf dem Boden sitzend, fing sogar an zu hüpfen. Ich hatte Schweißausbrüche, eine große innere Unruhe, ich zitterte, und in mir war sprichwörtlich die Hölle los. Na ja, genau genommen war nicht nur sprichwörtlich die Hölle los, denn wenn ich eines bei Vipassana erkannt habe, dann das: Die Hölle, ebenso wie der Himmel, existiert. In uns. Wir sind es, die sich selber in die Verdammnis werfen, und ebenso sind wir es, die dafür sorgen, dass uns Frieden und Glückseligkeit erfüllen.

An diesem Nachmittag des sechsten Tages also offenbarte sich mir eine meiner inneren Höllen. Der Teufel zeigte sich in Form einer Stimme in mir (= die Romantikerin), die mich erst verführen wollte und mich dann wüst beschimpfte. Damit das alles nicht allzu wirr für dich klingt, versuche ich mal, diesen inneren Dialog (der eigentlich ein Monolog meines Egos an mich war) darzustellen.

Versuch der Verführung: »Komm, jetzt sitz ich hier schon rum. Da kann ich doch wunderbar diese innere Ruhe und Bündelung meiner Gedankenkraft zum Manifestieren von irgendwas nutzen. Hey, ich weißt doch, wie das geht. (Sehr schmeichelnd.) Ach komm, Regeln hin oder her, wer will schon herausfinden, dass ich ein klein wenig zu meinem eigenen Wohle von den strengen Regeln abgewichen bin? Mal ehrlich: Ist das nicht die pure Zeitverschwendung, wenn ich hier nur sitze und beobachte?«

Tatsächlich, und das möchte ich an dieser Stelle wiederholen, verpflichtet man sich vor Kursbeginn mehrmals dazu, sich genau an die Vorgaben des Lehrers zu halten. Nach dem Kurs ist man absolut frei, zu wählen, was man weiterhin praktizieren will. Nur ist es wichtig, Vipassana in seiner absolut reinen Form zu erleben, sonst macht der Kurs keinen Sinn. (Was ich aus heutiger Sicht in jedem Fall unterstreichen kann!) Mein »Ich«, genauer gesagt, mein Ego, meinte also, dass ich so ein klein wenig cheaten sollte, natürlich nur und ausschließlich zu meinem Wohle.

Vielleicht kennst du diese total überzeugende Stimme in deinem Kopf. Ich kenne sie zum Beispiel auch von Fastentagen, wenn sie flüstert: »Ach, komm schon, der eine kleine Bissen! Was macht das schon? Dir tut es gut, und das fällt überhaupt nicht ins Gewicht!« Oder du willst Sport machen, obwohl du kein so großer Sportfan bist. Du hast es dir in den Terminkalender geschrieben, du bist motiviert, und dann, es ist kurz vor dem Trainingstermin, wirst du total müde. Und in deinem Kopf denkt es: »Du, mal ehrlich, du hattest so einen harten Tag! Da ist es viel vernünftiger, wenn du dich ausruhst. Willst du jetzt auch noch deinen Körper schinden? Das ist doch ungesund, das weißt du doch!« Und schwupps, bleibt man einmal mehr auf der Couch liegen. Das war aber auch wirklich überzeugend!

Garantiert kennst du diese Stimme. Sogar wenn du ein mega disziplinierter Mensch bist, kennst du sie. Nur hast du gelernt, stärker als sie zu sein. Andere neigen eher dazu, sich dieser wunderbaren Argumentation anzuschließen und so im alten Trott zu bleiben.

Was mich anging, so war ich fest entschlossen, an den Vipassana-Regeln festzuhalten. Das führte dazu, dass ich weiter mein immer stärker werdendes Schwitzen beobachtete, also konsequent weiterpraktizierte. Was aber folgte nun, als das Verführen nicht funktionierte? Ein Blick zurück in meine Kindheit reicht, um das zu wissen. Wollte ich meinem Vater Geld abluchsen, dann kam ich – irgendwie intuitiv – flötend, säuselnd um die Ecke, ein Wort singend, das ich nur zu diesem einen Zweck einsetzte: »Pappiliiiiiiiii?« Wobei am Ende die Stimme nach oben ging, gepaart mit einem Augenaufschlag. Wurde mein Vorschlag, mich mit mehr Geld auszustatten, abgeschmettert, dann wurde »Pappiliiiiiiiii« gestrichen und durch ein hartes »Mann, Papa!« ersetzt. Letztlich bekam er gegebenenfalls eine wutschnaubende Retourkutsche von mir für seinen offenkundigen Geiz.

Wie du siehst, ich kenne mich und meine (alten) Programme.

Wer könnte es dann seinem Ego verdenken, dass es auf die gleiche Nummer zurückgreift? Eben. Als die Verführung nicht funktionierte, bediente sich die Romantikerin also der nächsten Masche: Angst machen. Und das nicht zu knapp.

»Wenn ich hier nicht sofort meinen Fokus darauf lege, mir den richtigen Partner ins Leben zu ziehen, wird das nie was! Ich meine, schau sich doch einer mein Leben an! In Sachen Beziehung krieg ich doch nix auf die Reihe! Und wieso? Weil ich einfach nicht weiß, was ich will! Jetzt ist mal Schluss mit dem Gejammer! Ich meine, wo soll das nur hinführen? Wenn ich das nicht bald hinkriege, endet alles in einem totalen Desaster! Ich, die mit dem riesigen Bekanntenkreis in jungen Jahren, werde einsam und verlassen enden. Ich werde eine von denen sein, die keiner kennt und die am Fenster auf dem Kissen lehnen, um wenigstens ein bisschen was von der Außenwelt mitzubekommen! Es wird furchtbar! Es wird grausam! Ich werde mein Leben hassen, und die Einsamkeit wird mich auffressen, nur, weil ich hier blöd rumsitze, anstatt das einzig Vernünftige zu tun! Ja, einsam werde ich sterben, ganz allein, und niemand wird da sein und um mich weinen, keiner! Weil alle, denen ich je was bedeutet habe, längst schon tot sind oder sich nicht mehr für mich interessieren!«

Das könnte man jetzt alles noch etwas weiter ausführen, denn bestimmt hat das in meinem Kopf eine Viertelstunde lang so getönt. Mein Körper hat gebebt, ich habe geschwitzt wie in der Sauna, und dann und wann wurde das alles noch kombiniert mit der Angst, meine Nachbarn durch meine körperliche Unruhe zu stören oder vom Lehrer gerügt zu werden, weil ich nicht still sitzen konnte. Ich blieb aber hart, also meiner Hingabe an Vipassana treu, und tat weiter das, was ich dabei tun sollte, nämlich all das, was passierte, zu beobachten, mit Gleichmut. Was für ein Spaß!

Was sich dabei offenbarte, war die Wurzel der Romantikerin: Es ist die große Angst, einsam zu sein, alleine und verloren. Ein Leben zu führen, das ohne jemanden auskommt, der einen sieht. Das wiederum wirft tief im Inneren große Sinnfragen auf. Immerhin definieren wir uns zu einem großen Teil über andere, erkennen uns am deutlichsten in anderen Menschen und durch sie. Was, wenn das nicht mehr da wäre? An der Oberfläche fühlt es sich nach einem Bedürfnis an, einen verlässlichen Menschen an der Seite zu haben. Vom Partner erwartet man, dass er bei einem bleibt, wenn alle anderen einem den Rücken kehren. Darum vermittelt eine Partnerschaft in der Regel ein Sicherheitsgefühl, was einem meist nicht einmal bewusst ist. Bei mir war das deshalb besonders lustig, weil ich noch einen Gegenspieler zur Romantikerin in mir trug, nämlich »die Superunabhängige«. Die, die nichts und niemanden braucht. Glaub mir, wenn die beiden bei dir sehr ausgeprägt sind, dann bist du wie der Hund, der versucht, sich in den eigenen Schwanz zu beißen, und der sich gleichzeitig dumm dabei vorkommt.

Ich sag ja immer: Wer mal die Augen schließt und in sich hineinhorcht (was sich die wenigsten trauen), der braucht weder Krimis noch Science-Fiction oder Thriller. Der erkennt, dass die spannendsten, absurdesten, verrücktesten und fesselndsten Geschichten ganz allein in einem selber stattfinden. In jedem Augenblick. Das ist aber überhaupt kein Problem. Bedauerlich ist nur, dass wir alle verrückt sind und uns dabei für normal halten. Ich weiß mittlerweile wenigstens, dass ich enorm einen an der Murmel habe. Das unterscheidet mich von der großen Masse und gibt mir den Vorteil, mich wenigstens klarer sehen zu können in meinem Egosalat – was wiederum für die Chance auf Entwirrung und mehr Lebensfreude sorgt.

Irgendwann hörte das Hüpfen und Schwitzen in der Sitzung auf. Es schien wie eine Ewigkeit, in der ich den Verlockungen und Drohungen meiner Romantikerin widerstehen musste. Doch es gelang mir tatsächlich, während des tobenden Sturms in mir das alles mit Gleichmut zu betrachten. Weder verurteile ich die Stimme in meinem Kopf noch meine Begierden oder mich selbst. Auch konnte ich die heftigen Reaktionen meines Körpers einfach betrachten und sie sein lassen. Ich wehrte mich nicht. Fünf Tage Training hatten mich optimal auf diesen Moment vorbereitet. Und die Belohnung?

Frieden. Unendlicher Frieden.

Es gibt kaum einen befriedigenderen Sieg als den über sich selbst.

TAG 7

An diesem Tag zog ich zum ersten Mal meine Morgen-
sitzung vor dem Frühstück durch. Bislang hatte ich mich
vor dem ganzen Tag gescheut. Doch nun war ich voll
und ganz angekommen. Ich war absolut präsent, voll
und ganz bei mir und gab mich dem hin, was war. Was
das war? In jedem Fall eine Menge Stille, Ruhe und der
Hochgenuss, mit niemand anderem zu sprechen.

Morgens beim Gesichtwaschen sah ich mich kurz im
Spiegel. Ich konnte kaum glauben, was ich da sah! Meine Güte! Man müsste Vipassana als Anti-Aging-Kur ver-
schreiben! Unglaublich, ich sah wirklich zehn Jahre jün-
ger aus! Zum einen war das natürlich dem Loslassen so
vieler Altlasten geschuldet. Zum anderen trank ich sehr
viel Wasser, da es sehr warm war. Ich nutzte jede, absolut
jede Pause, um auf die Toilette zu gehen. Denn das alles
war schon körperlich fordernd genug, da wollte ich nicht
auch noch eine volle Blase beobachten müssen. In Zahlen ausgedrückt bedeutet das: Ich habe pro Tag etwa drei
bis vier Liter Wasser getrunken, und der Kurs beinhaltet
das, was man bei uns so chic »Dinner Cancelling«, also
das Ausfallenlassen des Abendessens, nennt. Gepaart
mit ca. 12–14 (größtenteils prophylaktischen) Blasenent-
leerungen führte das zu einer strahlenden, glatten Haut,
für die andere sehr, sehr viel Geld bezahlen (allerdings,
um danach ohne Mimik leben zu müssen).

Sollte dein Anreiz der Gewichtsverlust oder eine glattere Gesichtshaut sein, dann bitte! Möge Vipassana dir das bescheren! Es gibt ja Leute, die würden jetzt sagen, dass das keinesfalls die Motivation sein darf. Ich bin der Meinung: Warum jemand teilnimmt, ist völlig zweitrangig. Wenn er bleibt und es durchzieht, hat das alles seinen Zweck erfüllt. Warum soll uns das liebe Ego nicht auch mal in die Karten spielen? Bei mir war ja auch ein Anteil mit dabei gewesen, der es »einfach mal gemacht haben« wollte, so nach dem Motto: Danach kann ich mir ein T-Shirt drucken lassen mit »I survived Dhamma Kamala«[17] oder so. Das, was dahinter liegt, die viel tiefere Motivation, wird sich schon zur rechten Zeit ihren Weg bahnen. Und mal ehrlich: Wer zehn (elf!) Tage Vipassana durchhält, der hat es sich auch verdient, Ergebnisse zu sehen. ☺ Seien wir einfach mal ein wenig weniger streng mit uns.

Zurück zu meinem siebten Tag. Da ich mir in meiner katastrophalen Dramaqueen-Phase am Anfang nicht auch noch die Rückenschmerzen vom vielen Sitzen hatte antun wollen, hatte ich mir ja eine Rückenstütze geben lassen.

Das Lustige ist, dass ich immer wieder gerne auf mein altes Ich zurückblicke und sehe, was mich da alles geplagt hatte. Das wiederum lässt mich schmunzeln und froher Dinge sein, denn ich sehe meine Entwicklung

---

17 engl.: »Ich überlebte Dhamma Kamala.«

seit dem ersten Vipassana-Kurs sehr wohl. Dabei geht es nicht um Verhaltens- und Denkweisen innerhalb der Kursteilnahme. Es geht um Denkmuster, die komplett gesprengt wurden. Die sich in nichts aufgelöst hatten. Die mich nicht mehr belasteten. Natürlich schrieb ich in meinem Kopf nach wie vor Artikel und bedauerte, dass ich mir keine Notizen machen konnte. Dafür entdeckte ich die Merkfähigkeit meines Gehirns wieder. Ich beschloss einfach, mir meine genialen Ideen zu merken und denen, die ich mir nicht merken konnte, nicht länger hinterherzuweinen. Zum einen, weil mir ihre Unerschöpflichkeit bewusst wurde. Ich würde immer wieder tolle Ideen für Wortspiele, Satzwendungen usw. haben. Zum anderen lernte ich ja bei Vipassana: Was weg ist, ist weg. Warum trauern, es ist ohnehin nicht mehr da.

So konnte ich alles in allem einen unglaublich friedlichen Tag verbringen, der mir wieder eine neue Erfahrung bescherte: Ich fand es schade, als es gongte und die Stunde zu Ende war! Tatsächlich ging mir mehrmals durch den Kopf: »Was, jetzt schon?« Und das insbesondere bei den Adhitthana-Sitzungen, die Gruppenstunden mit starker Entschlossenheit, bei denen man sich eine volle Stunde lang keinen Millimeter bewegen darf, auch nicht, wenn einem eine Mücke sticht, einem Rotz aus der Nase läuft oder sonst was passiert. (Es bestraft einen keiner, wenn man es tut, aber man soll es eben vermeiden, zur Geistesschulung. Heute sind das meine absoluten Lieblingsstunden!)

TAG 8

Kennst du dieses Gefühl, wenn du nach vielen Mühen und Anstrengungen dein Ziel erreicht hast? Bestimmt hast du dir selber schon einmal durch Überwindung deines inneren Schweinehundes so ein Zufriedenheitsgefühl gegönnt.

Was noch fantastischer ist, ist, wenn du etwas erreichst, auf was du so nicht hinarbeiten konntest, weil du nicht wusstest, dass es das Ziel gewesen ist. Wenn du damit aufgehört hast, Erwartungen an etwas zu haben, und dann macht es: »Bämm! Trara! Überraschung!«

So erging es mir an Tag 8. Nur dass das »Bämm! Trara! Überraschung!« sehr leise ausfiel. Keine Fanfaren, keine Trompeten, kein Partygekreische. Stattdessen ein Tag, für dessen Beschreibung mir die Worte ein wenig fehlen. Am ehesten würde ich es als »Meer der Glückseligkeit« bezeichnen. Ein Tag, der dieses Mal wirklich um 4.30 Uhr mit Meditation begann, anstatt dass ich mich mit halb schlechtem Gewissen noch mal zu einer Liegerunde zurückzog (bei der mich dann der Frühstücksgong wecken würde). Ich glaube nicht, dass ich jemals zuvor in meinem Leben einen ganzen Tag lang präsenter gewesen war, gegenwärtig, versunken im Sein.

Und wie das so ist, wenn man alle Erwartungen einfach loslässt: Es ist Platz für ein Wunder.

Nicht nur, dass ich mich an diesem Tag in mir so wohlfühlte wie selten zuvor in meinem Leben. Der Beginn der Stunden interessierte mich ebenso wenig wie deren Ende. Ich blieb einfach sitzen, in mir versunken, und brauchte nichts (außer mal aufs Klo zu gehen, was ich leider noch nicht wegbeobachten konnte). Könnte ich mich rückblickend an diesem Tag von außen sehen, ich hätte vermutlich gedacht, dass Buddha dieses Mal einen Frauenkörper gewählt hätte. Dieser Zustand war einfach phänomenal und entspannt und zauberte mir automatisch dieses stille, leise Lächeln auf die Lippen, das wir nur von Menschen kennen, die ein tieferes Geheimnis kennen als die Dramen dieser menschlichen Welt. Es war kaum zu glauben, dass die hysterisch Weinende, die sich krank mutiert hatte und dauernd ihre E-Mails checken wollte, gerade einmal fünf Tage zurücklag. Fünf Tage! Wenn fünf Tage meines Lebens der Preis dafür sein sollten, so einen Zustand zu erfahren, dann war ich mehr als froh, ihn bezahlt zu haben.

Tatsächlich erklärt genau diese Glückseligkeit, wieso es so viele Anläufe gebraucht hatte, um schließlich endlich an einem Vipassana-Kurs teilzunehmen. Dieser Zustand ist unserem wahren Selbst um so vieles näher als das hektische Herumrotieren im Alltag. Als die Tränen um nicht erreichte Erfolge. Als das Festklammern an einem Menschen, an den man sich unter Wert verkauft, nur um nicht alleine sein zu müssen. Doch das Ego, das dafür sorgt, dass wir uns so ziellos um unsere Geschichten drehen, setzt alles daran, um sein Leben zu retten. Und zerstört dabei die Möglichkeit, die Dinge so zu sehen, wie sie wirklich sind. Wusstest du zum Beispiel, dass etwa 50 % von dem, was wir aus der Vergangenheit erzählen, gar nicht wahr ist? Dass wir die Dinge verklären, verzerren, unserem Weltbild so anpassen, dass eine Geschichte entsteht, auf die wir Stein und Bein schwören würden, weil wir dabei waren, die so aber gar nicht passiert ist? Der Rechthaber in uns wird wütend, wenn jemand das behauptet. Ändert aber nichts daran, dass wir, wissenschaftlich erwiesenermaßen, uns selbst und andere ziemlich oft belügen. Wieso tun wir das? Weil wir lieber diese Lügen glauben wollen, als uns der Möglichkeit zu öffnen, dass das Leben doch anders ist. Dass wir anders sein könnten.

Ich erinnere mich in diesem Zusammenhang an ein Gespräch mit einer älteren Frau aus Niederbayern, es liegt einige Jahre zurück. Dabei erzählte ich ihr von einer Erfahrung, die ich gemacht hatte und die so gar nicht zu ihrem katholischen Weltbild passte. Sie war danach in einem Riesenkonflikt. Einerseits vertraute sie mir, andererseits würde das, was ich berichtete, so manche Predigt in der Kirche Lügen strafen. Schließlich entschied sie sich am Ende für ihre Wut über das, was ich ihr weismachen wollte: »Wenn des schdimmat, dann wat ma ja mia olle a Lemm lang Noan gwenn!«[18] Damit war das Gespräch beendet.

Mir geht es nicht darum, ob ich damals recht hatte oder sie oder keiner von uns. Es geht bei dieser Geschichte darum, zu erkennen, wie sehr wir uns an unserem Weltbild festklammern – in manchen Fällen aus purer Angst, der Wahrheit ins Gesicht zu sehen und so zu erkennen, dass all die leidvollen Geschichten, die wir uns erzählen, gar nicht wahr gewesen sind oder dass eben die Opfer-Täter-Aufteilung, die uns immer zu bemitleidenswerten Opfern macht (sogar dann, wenn wir darunter leiden, Täter gewesen zu sein), nicht haltbar ist. Das Ego setzt alles daran, um an seinem Leid festzuhalten. Das habe ich in den letzten Jahren erkannt, und das ist auch der Grund, warum ich Menschen auf Vorträgen immer wieder sage, dass wir in Wahrheit alle wahnsinnig sind. Wir sind verrückt, insbesondere deshalb, weil wir uns für normal halten in dem, was wir tun, sagen und denken. Vipassana hat zu dieser Erkenntnis einen wesentlichen Teil beigetragen.

In der Schwingung, in der ich mich an Tag 8 aber befand, hatte das Ego keinen Platz. Wenn man einfach ist

---

18 auf Hochdeutsch: »Wenn das stimmen würde, dann wären wir alle ja ein Leben lang Narren gewesen!«

und schwelgt und keine irdische Zeit mehr kennt, ist kein Platz für Drama. In solchen Momenten gibt es viel Raum. Zum Beispiel dafür, dass ein Teil der eigenen Bestimmung einen finden kann.

Als ich nach dem Mittagessen (falls ich überhaupt etwas gegessen habe an dem Tag, ich weiß es nicht mehr) auf meiner Pritsche lag und es in meinem Kopf so ruhig war, wie ich es kaum kannte, da erschien ein Buch samt Titel klar und deutlich vor mir: »Meine 26 Egos und ich«[19]. Würde ich nun anfangen zu beschreiben, was ich in diesem Moment alles sah, fühlte, was mir klar wurde, würde ich viele, viele Seiten schreiben müssen. Dabei ging das in Sekundenbruchteilen. So, wie man auf einem PC auch eine riesige Datenmenge binnen weniger Momente speichern kann. Der Titel lautete exakt so, das Konzept war klar und auch, dass es erscheinen würde, und zwar in einem richtigen Verlag und nicht etwa im Selbstverlag. Ein Buch, das in meine Hände gelegt wurde, damit ich es in meinen Worten und auf meine Art in die Welt bringen könnte.
Das war der Moment, in dem ich zur Buchautorin wurde.

Bis dahin hatte ich ein paar Jahre gebloggt und war erstaunt darüber, wie viele Menschen meine Texte lasen

---

19 Silvia Maria Engl: »Meine 26 Egos und ich«, Schirner Verlag, Darmstadt 2014.

und durch sie inspiriert wurden. Manchmal staunte ich ja selber, was da einfach so aus meinen Fingern floss. Nicht jeden Tag war es gleich genial. Doch als jemand, der zwei Sprachen und ihre Literatur studiert hatte, traute ich mir schon zu, einen runden, in sich geschlossenen Text zu erkennen. Oftmals begann ich zu schreiben, ohne zu wissen, wie es enden würde, und war beim Schreiben selber dann mit einem Mal erstaunt, wie die – sehr gelungene – Pointe des Textes dann lautete. Dass sich mir in meinen 30ern eine Gabe offenbarte, von der in der Schule nie was zutage getreten war, ist sicherlich kein Einzelschicksal. Umso klarer wurde mir, dass das, was ich im Rahmen des staatlichen Schulsystems als Lehrerin für die Kinder tun konnte, sehr (!) begrenzt war. Schlimmer noch: begrenzend. Das ist aber ein anderes Thema. Hier, in diesem Moment, auf dem Bett, in der Stille, ging es alleine um dieses Geschenk, das mir überreicht wurde.

Da ich bereits keine Angst mehr hatte, etwas Wichtiges zu vergessen, blieb ich ruhig und spürte tief in mir, dass ich das alles nicht vergessen konnte, weil es meine Bestimmung war. (Na ja, ich wusste auch, ich würde es mir nur drei Tage lang merken müssen, was die Bedrohung durch Gedächtnisverlust etwas überschaubarer machte.) Beseelt von dieser Eingebung, gepaart mit der in den letzten Tagen erlernten Fähigkeit, sie aber auch wieder loslassen zu können, ging ich am Nachmittag zurück zu den vier Stunden, die nun vielmehr zeitlos waren. Nicht anzuhaften, wieder in die Gegenwärtigkeit zu gehen, anstatt besessen von der Buchidee mit den Gedanken hierhin und dorthin zu reisen, wurde einmal mehr belohnt.

An diesem Nachmittag erreichte ich etwas, von dem ich zum Glück nicht gewusst hatte, dass ich es erreichen würde.

Denn hätte mir vorher jemand gesagt, dass sich mein Bewusstsein erweitern würde, hätte ich die ganze Zeit darauf gewartet, dass es endlich passieren würde. Und ich wäre in jeder Meditationssitzung, in der es nicht geschah, unzufrieden gewesen. So zeigte sich einmal mehr, dass es wirklich wahr ist. Dass wir genau durch unser (spirituelles) Geiern verhindern, dass es sich zeigen kann. Je begieriger wir etwas wollen, umso weniger (leicht) kommt es zu uns. Wieso? Weil wir dann darauf fixiert sind, dass es noch nicht da ist. Also kriegen wir genau das wieder und wieder bestätigt. Natürlich mag es Ausnahmen auf dieser Welt geben. Die erfolgreichsten und eben zugleich glücklichsten Menschen (also die wirklich erfolgreichen) sind in meinem Umfeld immer die, die die hohe Kunst einer ganz besonderen Balance beherrschen: fokussiert, beharrlich und gleichzeitig nicht anhaftend zu sein.

In meinem Fall hieß das: Mein spirituelles Ego hatte Sendepause. Ich war völlig präsent, ruhig und über alle Maßen glücklich und zufrieden in diesem Zustand. Ich brauchte (!) nichts mehr, ich verlangte nicht (!) nach mehr. Und so geschah das, wofür andere Drogen nehmen, was aber aus einem selbst heraus rein und pur erlangt werden kann: Ich erlebte, dass ich nicht auf meinen Körper begrenzt war.

Vielmehr erkannte ich mit einem Mal, dass ich überall im Raum war. Ich war in ein und demselben Moment ebenso vorne wie auch hinten wie auch links und rechts. Die Illusion, in einem Körper zu sein, war aufgehoben. Und es gelang mir wiederum das, was das Ziel von Vipassana ist: auch das mit Gleichmut zu betrachten. Ich war erstaunt, ja, aber mehr im Sinne von hellwach und beobachtend.

An diesem Tag ging ich völlig beseelt ins Bett. Ich hatte mein Ziel erreicht. Oder anders gesagt: Mein Ziel hatte mich gefunden. Ohne dass es ein Ziel gegeben hätte.

TAG 9

Was Vipassana dich lehrt, ist, gleichmütig zu sein. Egal, was sich dir zeigt: Bleibe gleichmütig! Ist etwas sehr schön, dann genieße es. Aber klage und jammere nicht, dass die Zeit viel zu schnell vergeht und dass es nicht aufhören soll. Wenn es vorbei ist, ist es vorbei, und du kannst dankbar sein für die schönen Momente. Umgekehrt ist dir dieses Wissen ein großer Trost in Zeiten, die hart sind. Denn auch hier weißt du: Alles kommt, alles geht – auch das.

Wen wundert es also, dass der neunte Tag völlig anders verlief als der achte?

Natürlich will man weiter auf so einer Welle surfen wie an Tag 8, ist doch logisch, oder? Umso erstaunlicher fand ich es, festzustellen, dass mein Traumzustand vom Vortag limitiert gewesen war. Irgendwie hatte ich wohl doch gehofft, dass Erleuchtung etwas Dauerhaftes wäre. O.k., ist es vielleicht auch. Wenn ich das aus Erfahrung weiß, lasse ich es dich in jedem Fall wissen. Bei mir ging es aber um etwas völlig anderes. Natürlich war das kein Erleuchtungszustand gewesen. Das Ego hatte einfach Sendepause gehabt, und nun war es eben wieder wach. Erst in einem der späteren Kurse nahm ich folgenden Hinweis von Goenka wahr: Wenn man einen Zustand erlebt wie etwa ich an Tag 8, dann sei es essenziell, daran nicht festhalten zu wollen. Wer dann jammere und klage, habe Vipassana noch nicht verstanden. Wem es aber gelänge, auch das Verschwinden eines solchen Gefühls gelassen hinzunehmen, für den würde etwas Wunderbares möglich: Es könnten nämlich so noch viel tiefer verwurzelte Themen aus dem Unterbewusstsein (bzw. dem Unbewussten) aufsteigen. Das fühle sich dann mitunter erst einmal wie ein Rückschritt an, sei in Wahrheit aber ein Fortschritt.

Tag 9 war anstrengend. Keine Welle, keine Glückseligkeit, keine metaphysischen Erfahrungen. Der Rücken zwickte wieder, die Knie waren unentspannt, und der Gong war wieder äußerst willkommen. Dennoch gelang es mir, auch diesen Tag einigermaßen zu genießen und alles wirklich hinzunehmen. Zwar war ich zwischendurch überrascht, ich begriff aber: Alles kommt, alles geht. Und ich werde, aller Voraussicht nach, das Zentrum eben doch nicht als dauerhafte Buddhine verlassen.

Was ich wirklich uneingeschränkt genoss, war nach wie vor die Stille. Tag 10 unterscheidet sich nämlich von den anderen Tagen, da ab dem Mittagessen die »edle Stille« aufgehoben ist. Der Gedanke gefiel mir aber gar nicht, denn wenn ich auf eines keine Lust hatte, dann das Riesengeschnatter in einem Speisesaal voller Frauen. Vielleicht ist das der Moment, an dem ich dir noch mal in Erinnerung rufen darf, dass ich die erste Hälfte des Kurses mit absoluter Unruhe und Drama verbrachte. Frag mal erfolgreiche Manager, wie lange sie brauchen, bis sie im Urlaub abschalten können. Da bin ich mit stiller Einkehr vermutlich doppelt so schnell gewesen wie mit faul am Strand rumliegen, drei Mal am Tag schwer essen und Alkohol trinken. Dazu gibt es einen weiteren Vorteil: Zwei Wochen Malediven gehen rum, und dann geht alles weiter wie gehabt. Nach Vipassana aber ist dein Leben anders. Denn du bist anders. Ich war es zumindest in jedem Fall.

TAG 10

Der Tag, auf den ich so lange gewartet hatte! Also zumindest ein paar Tage lang. Ich saß in der Meditationshalle und dachte mir: »Wenn mich jetzt einer fragen würde, ob ich noch mal zehn Tage dranhängen würde, wäre das kein Problem.« Es ist so offensichtlich für mich, dass alle, absolut alle Probleme, die wir mit uns rumschleppen, alleine in uns zu Hause sind. Ich brauchte keinen Mann, um mit ihm Dramen zu erleben. Das hatte ich ganz alleine geschafft – der Gedanke an ihn bzw. die E-Mails hatten vollauf gereicht. Mir war meine Smartphone-Abhängigkeit bewusst geworden. Noch heute, Jahre später, ist es für mich durch diesen Kurs augenscheinlich, wie wir Menschen an diesen Geräten kleben, ja, vermutlich kleben sollen. Sie tragen wesentlich zu unserer Entfremdung bei. Nun magst du einwenden: »Aber du hast dich zehn Tage lang auch von anderen entfremdet, dich ihren Blicken entzogen.« Das stimmt. Aber um den Blick auf mich zu richten. Beim Handydaddeln tun wir das nicht. Wir sind weder bei anderen noch bei uns.

So wenig ich auch Lust hatte, mit anderen zu sprechen, so sehr prägte sich mir eine Erfahrung ein, die ich nach dem Aufheben der »edlen Stille« machte. Ich hatte den Blick noch absichtlich auf den Boden gerichtet, während um mich herum schon fleißig auf Thai gequatscht wurde. Dann stand ich am Essensbuffet und blickte zwangsläufig nach oben, um mich zu bedienen. In diesem Moment trafen sich meine Blicke und die einer Mitmeditierenden. Wir sahen uns wortlos in die Augen und lächelten uns reflexartig an. Mein Herz wurde von solch einer Wärmewelle überflutet, dass ich diesen Augenblick nie wieder vergessen werde. Seither weiß ich, wie wichtig es ist, anderen Menschen mit einem Lächeln, mit Offenheit und Wärme zu begegnen. Dies ist wie Nahrung für die Seele, die wir zu geben bereit sein sollten. Und wenn wir andere nähren, nähren wir immer auch uns selbst.

Ein wirklich schöner, erhellender Moment. Zumindest bis zu dem Augenblick, als fünf Sekunden später drei Thailänderinnen mit sehr schlechtem Englisch um die Ecke geschossen kamen, um mich auszuquetschen: Woher ich komme, wie es mir gehe, wie mein Name sei. Ich fühlte mich wie ein Popstar, denn die Traube um mich herum wuchs, und jedes meiner Worte wurde sofort mehrfach auf Thai übersetzt. Ich schmunzelte, denn ich war noch gar nicht auf die Idee gekommen, hier etwas Besonderes zu sein. Ich war ja einfach ich. Doch für die anderen Teilnehmerinnen, die ausnahmslos Einheimische waren, war ich offenkundig ein willkommenes Spekulationsobjekt gewesen. Welche Geschichten sie sich über mich ausgemalt hatten in den endlos scheinenden Stunden des gemeinsamen Meditierens, will ich lieber gar nicht wissen.

Denn dass wir uns dort Geschichten ausdenken, das weiß ich wiederum ganz genau!

Später kam eine andere junge Thailänderin auf mich zu. Sie stellte sich mir als MJoy vor und bedankte sich. Wofür, war mir erst nicht ganz klar. Dann klärte sie mich auf: Sie war diejenige, die ohnmächtig auf dem Gang vor meinem Zimmer zusammengeklappt war. Da sie Englisch verstehen konnte, hatten sie meine tröstenden und beruhigenden Worte erreicht. Mit ihr bin ich bis heute auf Facebook verbunden, und wir haben uns auch später noch in Bangkok bei einem Fest getroffen. MJoy ist eine wohl recht bekannte Astrologin und Handleserin in Thailand (ihre Fernsehauftritte verstehe ich leider nicht, aber telegen ist sie in jedem Fall!) und eine quirlige, sprudelnde Persönlichkeit. Wir hatten noch viel Spaß zusammen, und ich weiß, dass ich bei ihr wie auch bei einer weiteren Teilnehmerin aus Bangkok namens Korn immer herzlich willkommen sein werde.

So entstanden letztlich sogar noch Verbindungen, die von Herzlichkeit geprägt sind, obwohl man nur einen halben Tag miteinander sprechen konnte. Doch wer gemeinsam zehn Tage Vipassana überstanden hat, der teilt ein tiefes Geheimnis und auch die Eigenschaft, in schweren Zeiten durchzuhalten.

Als ich am Tag 11 nach Bangkok zurückkehrte und mich im Bus lange mit Korn unterhielt, wurde mir noch einmal bewusst: Ich war die ersten Tage durch die Hölle gegangen. Es gibt sie, diese ominöse Hölle, und es gibt auch das Fegefeuer. Sie sind in uns, und wir selbst sind es, die hindurchgehen können, um in den Himmel zu gelangen. Selten habe ich mich freier gefühlt, und nie zuvor kam mir eine geschäftige Großstadt so sinnfrei, laut und hohl vor wie an jenem Tag. Ich wusste, dass ich meine erste Vipassana-Meditation hinter mir hatte bzw. den ersten Zehn-Tage-Kurs, dass er aber nicht mein letzter gewesen sein soll.

Auch nahm ich mir Zeit, endlich meine lang herbeigesehnten Notizen zu machen. Neben einem Zeitschriftenartikel entstand auch wenige Wochen später das Buch »Meine 26 Egos und ich – Ein Wegweiser zu mehr Lebensfreude und Selbstverwirklichung«. Die am meisten gestellte Frage zu diesem Buch lautet immer: »Wie bist du auf den Titel gekommen?« bzw. »Warum ausgerechnet 26?« Ich lächle dann immer und sage: »Ich weiß es nicht. Ich weiß nur, dass es sich richtig anfühlte und dass es daran nichts zu verändern gab.« Knapp zwei Jahre später, nachdem das Buch schon ein Erfolg war und von mir weitere Bücher auf dem Markt erschienen waren, fiel mir mit einem Mal ein, dass Zahlen in der Numerologie ja eine Bedeutung haben. Warum sollte dann 26 nicht auch eine besondere haben? (Auch wenn ich mir nicht vorstellen konnte, dass sie besonders sein sollte.)

Als ich zu diesem Thema gegoogelt hatte und fündig geworden war, trieb es mir die Tränen in die Augen. Dankbarkeit und Demut fluteten meinen Körper, und dieser Moment gehört sicher zu einem der emotionalsten meines Lebens. 26 steht in der Bibel für die Zahl Gottes.[20] Damit bestätigte das Leben meine Vermutung, dass auch am Ego nichts Schlechtes ist, sondern dass wir einfach den verzerrten Aspekten erliegen, anstatt die andere Seite, die Seite der Wunder und Schönheit an unseren Eigenschaften, zu entdecken. Das Potenzial, das in uns schlummert, das jenseits des Dramas wohnt. Und das eben nichts nicht von Gott käme oder Gott wäre (oder das Universum oder das Leben, you name it).

Dieser erste Vipassana-Kurs hatte mich also zur Autorin gemacht. Da es sich für mich zweifelsfrei um Bestimmung handelte, dass dieses Buch erscheinen würde, war klar, dass auch die Suche nach einem Verleger nicht schwer werden würde. Und ich sollte recht behalten. Auf das erste Buch folgten viele weitere, und ich konnte mit meinen Büchern mit einem Mal viel mehr Menschen inspirieren. Ich war jemand, dem man jetzt um ein Vielfaches mehr zuzuhören bereit war, weil ich durch diese Bücher als »Autorität« bzw. als Expertin anerkannt war. Mir jedenfalls hat es die Möglichkeit eröffnet, meine Bot-

---

20 JHWH hat die Zahl 26. JHWH ist der Name Gottes, der Moses offenbart worden war. Und es ist der 26. Vers, in dem steht: »Und Gott sprach: Lasst uns Menschen machen, ein Bild, das uns gleich sei.« (1. Buch Mose 1,26)

schaften nun viel leichter in die Welt hinauszutragen, was mir ein Herzensbedürfnis ist. Ich konnte und kann durch diese berufliche Veränderung bzw. Erweiterung Hunderte, ja, Tausende von Menschen umarmen und darf sie damit berühren.

Ich schreibe heute Bücher, die spirituell interessierte Menschen ebenso begeistern wie Leute, die »mit so was« nichts am Hut haben, weil es in meinen Texten immer um das zutiefst Menschliche geht, das uns alle betrifft. Und es hat auch mit meiner Art, mit meinem Stil zu tun, mit meiner Klarheit, aber auch mit meinem Humor.

Damit meine Bestimmung mich finden konnte, brauchte es die Stille. Das Nichts, aus dem große Dinge entstehen.

Vipassana Nr. 2

Dhamma Mahi, Frankreich: Rache frisst Seele oder: Wie ich erkannte, was Liebe nicht ist

Trennungen bringen in uns Menschen die dunkelsten Seiten hervor. Sei es durch die Trauer, die uns übermannt und sich wie ein großer, schwerer Mantel um unser Gemüt zu legen scheint. Sei es, indem wir beginnen, den ehemals geliebten Menschen voller Inbrunst zu hassen oder schlichtweg vor Wut zu kochen. Das gilt beim Verlust eines geliebten Menschen, bei dem man stellvertretend Gott zürnt, wie auch nach dem Ende einer Partnerschaft (oder dem, was man dafür gehalten hat).

Das Leben sorgt dafür, dass wir wieder und wieder die Gelegenheit bekommen, uns zu erkennen. So sind gerade Momente des Verlusts eine große Gelegenheit, sich selbst zu erforschen. Menschen, die sich in Würde und Anstand trennen können, sind positive Beispiele für ihr gesamtes Umfeld. Sehr selten kommt es nach wie vor vor, dass zwei Erwachsene an einem Tisch sitzen und darüber sprechen können, wie es ihnen geht und warum es in der Partnerschaft nicht mehr funktioniert. Meist sind es verletzte Innere Kinder, die sich wütend und/oder traurig ihre Themen um die Ohren donnern, verkleidet in erwachsenen Körpern, felsenfest davon überzeugt, dass es allein der Sturheit und Uneinsichtigkeit des anderen geschuldet ist, dass man nicht glücklich sein kann.

Als ich am 1. September 2015 von der Côte d'Azur aus mit dem Auto einmal durch Frankreich fuhr, um endlich an meiner zweiten Vipassana-Meditation teilzunehmen (entgegen meiner eigentlichen Absicht hatte ich es 2014 nicht möglich gemacht), lag ein August hinter mir, in dem ich mir hatte genügen müssen: Ursprünglich hatte ich die Eingebung gehabt, allein diese Reise zu machen. Dann wollte sich mein damaliger Partner gerne anschließen. Ich hatte mir mit diesem Menschen einen exzellenten Spiegel für mein Nähe-Distanz-Thema in mein Leben gezogen. Und während ich heute diese Zeilen schreibe, weiß ich, dass zu diesem Zeitpunkt auch noch andere Kräfte am Werk waren, die dafür gesorgt hatten, dass ich damals halb- bis dreiviertelglücklich in einer Beziehung sein konnte, aber eben niemals vollständig. Letzten Endes blieb es bei meinem Ursprungsplan:

Ich machte die Reise alleine durch Frankreich. Und es lag an mir, mir beim Camping selbst zu genügen, in einer Welt, in der fast alle zu zweit oder als Familie unterwegs waren.

Leicht war es nicht in jedem Moment. Doch die Reise durch Frankreich, bei der ich nach Herzenslust gehen oder bleiben konnte, wo ich wollte, tat mir enorm gut. Ich übernachtete die meiste Zeit im Zelt, manchmal blieb ich auch in einem Airbnb und lernte nette Leute kennen. Mein Französisch wurde von Tag zu Tag wieder besser, und in Cassis überwand ich mich am Ende sogar, gab meinem dringenden Wunsch zu tanzen nach und ging alleine in einen Club. Und glaub mir, das war wirklich eine Überwindung und eine Lehrstunde für mich, die mich wieder freier machte. Auch heute ziehe ich es vor, mit lieben Menschen zu einem Fest oder zum Tanzen zu gehen. Ich kann das aber auch alleine tun, ohne mir dabei blöd vorzukommen. Das ist ein Stück echte Freiheit.

So feierte ich in Campingplatzcafés mit fremden Menschen, lernte es, schöne Gefühle zu genießen und dann auch zu akzeptieren, dass eben nichts von Dauer ist im Leben (Vipassana …). Es gab Momente der Einsamkeit, die aber selten waren, und zahlreiche Momente des Glücks, als ich zum Beispiel die Gorge du Verdon, die Verdonschlucht, durchwanderte.

In einer Stadt, die ich stark mit dem Mann verband, der nun aber eben nicht an meiner Seite war und es wohl auch nicht mehr sein würde, fand ich meinen Trost darin, mir am helllichten Tag mit zwei Gläschen Weißwein einen anzududeln und via WhatsApp meiner Freundin zu erklären, dass er ein Arsch sei. Nur um zwei Minuten später wieder zu weinen, dass er nicht, Deus ex Machina, mit einem Mal vor mir stand, um mir zu sagen, wie sehr er das alles bereue. Der ganz normale Wahnsinn des menschlichen Egos eben.

Insgesamt hatte ich einen Sommer, für den ich unsagbar dankbar bin. Er war wunderschön und besonders, dieser August 2015. Diese Reise wird mir von allen meinen Reisen wohl mitunter am lebendigsten in Erinnerung bleiben.

Bereits die Fahrt zu Dhamma Mahi, dem Vipassana-Zentrum in Frankreich, zeigte, dass der unbeschwerte Campingurlaub mit Wandern, Strand und Savoir-vivre zu Ende ging. Das Wetter schlug von einem Tag auf den anderen um, die Landschaft veränderte sich, die Energie verschob sich hin zu etwas Kühlerem, Nackterem, Leererem. Ich hatte die Strecke dorthin unterschätzt und musste in einem sehr seltsamen Hotel in einem Ort übernachten, dessen Namen ich nicht mehr weiß.

Bei diesem Vipassan-Kurs wusste ich, worauf ich mich einließ. Ich wusste, dass ich mein Smartphone abgeben würde, und ich freute mich darauf. Da ich auch wusste, dass ich keinen Sport würde machen können, bezog ich mein Zimmer, dieses Mal ein kahles Zweibettzimmer, und ging erst einmal joggen, um vor Freude über die Massen an reifen Brombeeren auszuflippen, die meinen Lauf zu einem wahren Gaumenschmaus machten. Zurück im Zimmer konnte ich meine Zimmergenossin Maude kennenlernen. Noch durften wir sprechen. Auch für sie war es die zweite Vipassana-Meditation. Ihr Mann kümmerte sich währenddessen daheim um die beiden kleinen Kinder im Alter von zwei und vier Jahren. Alleine das zeigte mir, dass Kinder eben nicht als Ausrede herhalten müssen, um nicht selber teilzunehmen. Ich glaube, es gibt Menschen, die noch ganz andere Hürden überwinden, um diesen Weg gehen zu können. Jedenfalls mussten wir sehr lachen. Das Leben hatte zwei Lehrerinnen, die beide auch Autorinnen waren, in ein Zimmer gesteckt. Dazu sprach Maude sehr gut Deutsch und ich auch Französisch (zumindest nach 4,5 Wochen Reisen wieder recht passabel). Wir verstanden uns auf Anhieb und bedauerten, die nächsten zehn Tage nicht kommunizieren zu dürfen. Wir wussten aber auch, wie wichtig das für uns beide war. Da wir uns wenigstens ein bisschen Privatsphäre wünschten, konstruierten wir eine Aufhängung, die es uns ermöglichte, eine Decke zwischen unseren Betten aufzuhängen. Not macht eben erfinderisch, auch wenn die Not hier nicht sehr groß war.

Das Abgeben der persönlichen Gegenstände war großartig, und ich war unendlich froh, dieses Mal elf Tage lang nichts mit der Außenwelt zu tun zu haben. Der E-Mail-Autoresponder war aktiviert, und ich hatte auch dafür gesorgt, dass es keine offenen Gespräche gab, die in den kommenden zwei Wochen Klärungsbedarf erfordern würden. Allein ein wenig Neid stellte sich ein, da es wunderbare neue Einzelhütten gab, ich aber in diesem alten Doppelzimmer untergebracht worden war, ähnlich wie in Thailand. Anscheinend war es notwendig, mich noch mehr in Bescheidenheit zu üben. Wer sich auf Vipassana einlässt, wird erleben, dass dort nichts, aber rein gar nichts Zufall ist. Zumindest wenn man bereit ist, diese Sichtweise einzunehmen.

Im Grunde war ich also recht entspannt und positiv gestimmt. Um die verfaulenden Brombeeren der kommenden Tage tat es mir etwas leid, aber dieses Leiden war zu vernachlässigen. Die Sache mit dem Mann in meinem Leben hatte ich meiner damaligen Meinung nach recht gut verarbeitet, und so war ich neugierig, ob ich einfach elf gechillte Tage haben würde.

Hahahahahaha!

Zwar gab es kein Drama mehr, das hatte ich in Prachin-buri gelassen, dafür aber zeigte sich bereits an Tag 1 das Thema, das mich volle acht Tage (!) von morgens bis abends beschäftigen würde. Eigentlich sollte ich es klarer formulieren: Da ich kein Gedöns mehr um All-tagsbimmbamm machte, war die Zeit da, um das tief Verwurzelte aus meinem Unterbewusstsein aufsteigen zu lassen. Und dabei handelte es sich um einen Teil von mir, den ich absolut so gar nicht auf dem Schirm gehabt hatte.

Ich lernte meine Rachegöttin kennen.

Und bevor ich ins Detail gehe, muss ich dich an dieser Stelle warnen: Wenn ich dir nun schildere, welche Bilder sich vor meinem inneren Auge während der nächsten Tage abspielten, so möchte ich, dass du hier bereits ei-nes zur Kenntnis nimmst: Egal, für wie »normal« du das auch halten wirst: Es ist nicht normal. Zumindest nicht für einen gesunden, glücklichen Menschen. Die Tatsa-che, dass dir etwas vertraut ist oder du viele Menschen kennst, bei denen es genauso ist, heißt nicht, dass es nor-mal wäre. Also normal im Sinne von »gesunder Geist«. Normal im Sinne von »Massenverirrung«: ja. Das schon.

Wovon spreche ich hier also?

Nun, ich hatte ja eine wunderbare, sonnendurchflutete Zeit in Frankreich hinter mir, hatte nette Menschen getroffen, war nun bestens versorgt – was will der Mensch denn mehr? Das kann ich dir sagen: Offenkundig wollte ich Rache. Denn wie sehr ich auch versuchte, mich zu konzentrieren: Die Bilder kamen ohne Unterlass. Bis ich begriff, dass ich mich auch dagegen nicht wehren sollte. So spulte sich ein und derselbe Film Minute um Minute, Stunde um Stunde vor meinem inneren Auge ab. Dabei lief ich durch die Münchner Innenstadt mit einem wahnsinnig attraktiven, sympathischen Mann an meiner Seite, sein Arm um meine Schultern gelegt. Mir gehörten seine verliebten Blicke, und wie es des Teufels Zufall so will: Ich begegnete mit dieser Testosterongranate – IHM. In dem Moment, in dem ER sieht, dass ich nun auf immer und ewig an den tollsten Mann auf diesem Planeten verloren bin, der, im Gegensatz zu ihm Hirni, erkannt hatte, was für eine wahnsinnig tolle Frau ich bin, bricht sein Herz in tausend Stücke, und er verzweifelt ob der Tatsache meines Verlustes. Was bleibt, ist ein kleiner Small Talk, bei dem ich völlig souverän plaudere, um dann mit meinem Süßen weiterzuziehen, wissend, dass ich einen gebrochenen Mann zurücklasse.

O.k., o.k., du kannst wieder atmen. Ich weiß ja nicht, für wie heilig du mich so gehalten hast. Aber auch ich bin mit »Traumschiff«, »Schwarzwaldklinik« und »Pretty Woman« aufgewachsen. Das Schema, wie das mit

Mann/Frau zu laufen hat und was in den Filmen mit Männern passiert, die ihre Traumfrau ziehen lassen, hat auch mich geprägt. Mittlerweile bin ich guter Hoffnung, dass ich meinen Oberstübchenstall irgendwann sauber kriege, aber da liegt noch ein langer Weg vor mir, vor allem, wenn man sich von Liebesfilmen nicht zu 100 % fernhält. Das ist dann nämlich so, als würde man versuchen, die Leber zu entgiften, während man ein Bier trinkt. Das ist besser, als sie gar nicht zu reinigen, aber auch nicht gerade zielführend. Du verstehst.

Was sich mein Dramenregisseur nun also für Szenarios ausmalte, das ist ja eine Sache. Entscheidend sind aber die Gefühle, die mit Gedanken einhergehen. In meinem Fall war es eine Mischung aus Kälte, Arroganz, Überheblichkeit und Genugtuung. Eine perfekte Rachegöttin also. Gleichzeitig war ich aber noch etwas: meine eigene Beobachterin. Das während Vipassana zu erleben, ermöglichte es mir, gleichmütig diese dunkle Seite der Macht in mir zu beobachten. Ich konnte all den Schmerz fühlen, der dahinter lag, aber ich war nicht dieser Schmerz. Ich konnte fühlen, wie verbittert ein Teil von mir war, aber ich war nicht dieser Teil.

Das ist das Geheimnis der Reinigung des Geistes: Lass alles zu, wehre dich nicht, nimm an, was ist, aber: Tu all das mit Gleichmut und dem tiefen Wissen, dass alles kommt und alles geht.

Das verändert alles.

Absolut alles.

Jemand, der nicht selbst diese intensive, tagelange Erfahrung gemacht hat, kann überhaupt nicht beurteilen, ob das möglich ist oder nicht. Das wäre wie die Behauptung, dass ein veganer Döner überhaupt nicht schmecken kann, ohne je einen gegessen zu haben. Ja, ja, der liebe Rechthaber, so verbringt er seine Tage am besten: mit irgendwelchen Prophezeiungen, was alles nicht sein kann und keinesfalls geht. Weil es einfacher ist, sich selber recht zu geben, als etwas Neues auszuprobieren. Und am Ende womöglich noch zugeben zu müssen, dass man sich geirrt hat.

Sei's drum. Mich hat diese eindringliche Erfahrung jedenfalls meinen Schattenseiten viel näher gebracht. Denn was in diesen ersten acht Tagen passierte, war, dass ich all den Schmerz, all die Wut und Trauer, die hinter meiner Rachegöttin lagen, zulassen und gleichmütig beobachten konnte. So veränderten sich ohne mein »aktives« Zutun (damit meine ich, mir absichtlich etwas anderes vorstellen zu wollen) täglich die Bilder in meinem Kopf. Tag um Tag wurden die Rachegedanken weniger stark, bis sie sich schließlich so aufgelöst hatten, dass es am Tag 9 um ein anderes Thema gehen konnte.

Getippt auf Papier klingt das alles so nach: »Ah, prima, acht Tage meditieren, und dann ist Ruhe im Karton!« Na ja, darum geht es ja: Es nicht nur zu lesen oder für gut zu befinden, sondern es aktiv zu tun. Vipassana ist auch mehr als einfaches Meditieren. Es zu praktizieren ist anders. Es fordert dich. Und genau darum lohnt sich der Kurs auch so sehr, wenn du durchhältst.

Große Anstrengung, große Belohnung.

Denn wie sich das mit einem Mal anfühlt, wenn du keine Rachegedanken mehr hegst, sondern den anderen in Frieden gehen lassen kannst, ist unvergleichlich. Dann ist zum ersten Mal in deinem Herzen und in deinem Kopf überhaupt erst Platz für das, was Liebe ist. Wie sie eigentlich gemeint ist. Denn schau dir doch mal diese Gedanken an: »Ich liebe ihn! Darum wünsche ich ihm, dass er nie wieder eine findet wie mich!« Ganz ehrlich: Wenn das das ist, was wir unter Liebe verstehen, dann brauchen wir uns nicht wundern, dass wir alle vor der Liebe Angst haben.

»Hast du denn heute gar keine Gelüste mehr nach Genugtuung auf Kosten anderer?«, möchtest du vielleicht jetzt wissen. Doch, ab und an schon, wenn mein Ego gekränkt wird, klar. Nur sind mir seit dieser Erfahrung ein paar Dinge möglich geworden:

ⓩ Ich erkenne, was in mir vorgeht. Was ich früher für normal und gerecht gehalten habe, erkenne ich heute recht rasch als Rachegedanken und kann mich so anders entscheiden. Diese Möglichkeit hat man aber nur, wenn man das Muster erkennt.

ⓩ Ich konnte in jeder Zelle spüren, wie mich diese Gedanken vergifteten. Wenn du einmal begriffen hast, dass allem voran DU DIR SELBST Schaden mit Rachegelüsten zufügst, dann denkst zu zwei Mal nach, ob du dem anderen wirklich Pest und Cholera wünschen willst oder doch etwas findest, wovon du keinen Leberschaden kriegst.[21] Dass ich heute viel weniger rachelustig bin, ist also reiner Egoismus.

ⓩ Wenn du einmal in dir erfahren hast, was Liebe wirklich bedeutet, dann verstehst du, wie vielen Irrtümern du aufsitzt. Dann begreifst du und triffst eine Entscheidung, nämlich die, dich fortwährend dorthin zu entwickeln, wirklich Liebe sein zu können und dir und anderen nichts mehr vormachen zu müssen.

---

21 »Leberschaden« bezieht sich hier auf die Annahme der TCM, der Traditionellen Chinesischen Medizin, dass die Emotion Wut der Leber zuzuordnen ist.

Auch aus dieser Vipassana-Erfahrung heraus entstand ein Buch. Was mich völlig faszinierte, waren die unmittelbaren Reaktionen auf »Raus aus der Rachefalle!«[22]. Die bekannte Vegan- und Yogabloggerin Claudia Renner etwa schrieb:

»[N]un hat Silvia Maria Engl ihr, meines Erachtens nach, bisher bestes Buch veröffentlicht!«[23]

In einem persönlichen Gespräch erzählte sie mir, dass sie es eigentlich nur gelesen hatte, weil sie meine anderen Bücher toll fand, das Thema sei aber »eigentlich gar nicht« das ihre. Beim Lesen sei aber aus ihrem tiefsten Inneren ein Thema hochgestiegen, das ihr geholfen habe, sich endlich, nach vielen Jahren des Ringens, von einem Menschen zu lösen.

Ein weiterer Stammleser, Uwe Baxmann[24], schrieb dies auf seiner Facebook-Seite:

22 Silvia Maria Engl: »Raus aus der Rache-Falle!«, Schirner Verlag, Darmstadt 2017.
23 claudidoesyoga.blogspot.de/2017/08/raus-aus-der-rachefalle.html
(letzter Zugriff: 13.10.2017)
24 www.uwe-baxmann.de

»*Eigentlich* …

… wollte ich den Samstag nur ganz gemütlich im Bett mit Kaffee und einem Buch beginnen.

Eigentlich …

… las ich ›Raus aus der Rachefalle‹ ja mehr aus akademischem Interesse und weil ich Silvia Maria Engl und ihre Bücher sehr mag. Denn ich bin ja ein so spiritueller Mensch, Rache und ich, niemals, also höchst selten …

Und dann …

… kam plötzlich der Kloß im Hals, und meine Augen wurden feucht, sodass ich das Buch zur Seite legen musste. Und ein paar Minuten später liefen mir unter der Dusche die Tränen, und ich sagte zu mir: ›Um Himmels willen, was hast du all die Jahrzehnte da gemacht?‹ Ich werde an dieser Stelle in die Tiefe gehen. Dazu wird es Stille brauchen. Vielleicht sogar einen Retreat (…).«

Das schreibe ich hier weniger als Werbung für eines meiner anderen Bücher. Ich möchte vielmehr zeigen, wie machtvoll das ist, was ich während Vipassana erlebte und was ich anderen danach mitteilen sollte und durfte. Was mich bis heute an Feedbacks zu meinem ersten Buch, »Meine 26 Egos und ich«, erreicht, ist unglaublich. Ich bin selber immer wieder aufs Neue fasziniert, wie diese beiden erwähnten Bücher Menschen genau da abholen können, wo sie stehen. Mein drittes »Vipassana-Buch« hältst du nun in Händen. Du bekommst einen ehrlichen, offenen Einblick in meine Gedanken, meine Gefühle, meine schonungslose Selbsterkenntnis. Das Ziel dieses Buches ist es, dir Mut zu machen, auch – und sei es nur einmal – zehn Tage deines Lebens zu geben, um etwas zu erhalten, was um ein Vielfaches wertvoller ist. Denn dieser Vipassana-Kurs mag dich scheinbar zehn bzw. zwölf Tage (mit An- und Abreise) deines Lebens kosten. Tatsächlich wirst du danach eine andere oder ein anderer sein und unglaublich an Lebensqualität gewonnen haben. »Tausche zehn Tage Gefängnis gegen lebenslange Freiheit ein!« – so fühlt es sich für mich an. Darum bin ich lächelnd immer wieder bereit dazu, mir diese wertvolle Zeit zu gönnen.

Vielleicht bist du ja bis zu diesem Punkt noch nicht so ganz überzeugt davon, dass auch du das machen solltest. Ich schreibe bewusst nicht »probieren«, denn Vipassana ist kein Apfelkuchen, den man »probiert«. Man entscheidet sich, und dann zieht man es durch. Aus, Ende. Alles andere führt zu mehr Frust als Glücksgewinn.

Wenn du meinst, das Erkennen und Lösen der Rachegöttin wäre schon eine Bombennummer gewesen, dann will ich dir noch was verraten: Seit meinem Kurs in Frankreich weiß ich, dass man lügen kann, ohne zu sprechen und ohne Blickkontakt mit einem anderen Menschen zu haben. Und ohne etwas zu schreiben, natürlich. Ich hätte vorher nicht gewusst, wie das gehen soll. Heute aber weiß ich, dass jede Lüge, und sei sie auch gegen andere gerichtet, allem voran eine Lüge einem selbst gegenüber ist. Und so kam ich zu dieser Erkenntnis:

Ein kleines Drama hatte ich in den ersten beiden Tagen nämlich doch. Ich hatte das Zentrum vorher angeschrieben und wie gewünscht mitgeteilt, welche Unverträglichkeiten ich in Bezug auf Essen habe. Tatsächlich bekommt mir Gluten nicht, und seit Jahren trinke ich auch zu meinem persönlichen Wohl keine Kuhmilch. Soja mag ich allerdings auch nicht wirklich, da sich das ebenfalls unangenehm auf meinen Körper auswirkt (zumindest dieser Sojakram im Tetrapak, der als gesunde Milchalternative in Massen verkauft wird). Nun hatte ich ja die Lösung schon bei der Hand: Ich würde gleichzeitig dem Zentrum Geld sparen und mir helfen, indem ich einfach ein glutenfreies Brot und einen Liter Mandelmilch mitbrächte. Nichts leichter als das. Pech nur, dass das Zentrum das ablehnte. Ich dürfe nichts selber mitbringen und müsse wie alle anderen essen, was angeboten werden würde, das gehöre zum Kurs mit dazu. Selbstverständlich würden sie aber auf meine Unverträglichkeiten Rücksicht nehmen, vegan und glutenfrei sei vermerkt.[25]

Wie schön! Ich musste mich also um nichts kümmern!

---

25 In Thailand war das kein Problem. Diese schlauen Menschen nehmen ja diesen ganzen Brotkram und Kuhmilch ohnehin kaum zu sich.

Irgendwie traute ich dem weizenfreien Braten nicht, aber was sollte ich machen? Auf eine Diskussion hatte ich keine Lust, und sie hatten mir ja versichert, alles sei gut.

Bis ich dann an Tag 1 am Frühstückstisch stand.

Während allen anderen drei verschiedene, köstlich aussehende Brotsorten zur Auswahl standen, durfte ich in die Plastikpackung greifen und mir styroporartige Dinger namens »Reiswaffel« reinziehen, eine mir aus unerfindlichen Gründen als »Lösung des Glutenproblems« bekannt gewordene Praxis. Daneben durfte ich was trinken? Richtig, Sojaplörre. (Erinnerst du dich, dass ich in Sachen Zimmer bereits angedeutet hatte, dass ich offenkundig noch etwas Bescheidenheit lernen durfte? Et voilà!) Ich kochte innerlich vor Wut! Das war ja wohl das Allerletzte! Alle konnten sich genüsslich mit ihrem Brot vollstopfen, während ich diese Pappe mit Marmelade bestreichen durfte! Dabei hätten diese engstirnigen Hirnis ja nur einfach »Qui« schreiben müssen, und ich hätte alles selber auf den Tisch gelegt, Mann!!!
Ich brauche wohl nicht zu betonen, dass ich mich zwei Tage lang nicht nur beim Frühstück ärgern musste. Nein, auch das Mittagessen war charmanterweise für mich deutlich dürftiger als das der anderen. Weil ich ja zum Beispiel kein Couscoussalat (= Weizen) essen konnte. Oder weil die Soßen des köstlich duftenden Essens mit Weizen gestreckt waren. Für die liebe Silvia Maria

gab es also nur das gekochte Gemüse und trockenen Reis. Prima! Das war aber noch nicht alles: Es gab ein Kuchendessert. Kuchen, klingeling? Weizenmehl. Dabei arbeitete ich wie eine Bekloppte daran, mit meinem Rachethema zurechtzukommen. Hallo?! Da war es meiner Heilung wenig zuträglich, dass mich die Küche auch noch dazu brachte, ihnen in Gedanken den Hals umzudrehen!

Bis … der Groschen fiel.

Vipassana wirkt. So dauerte es »nur« besagte zwei Tage, bis ich begriff, was ich da tat. Ich war gefangen in meinem alten Mangelthema, dass alle anderen besser abschneiden würden als ich. Statt zu sehen, was freiwillige Helfer im Schweiße ihres Angesichts leisteten, um mir etwas bieten zu können, nörgelte ich in meinem Kopf nur herum. Ich wollte bestrafen, und sei es durch böse Blicke. (Ja, ja, kennen wir diesen alten Hexenanteil in uns nicht alle?) Genug davon. Ich entschied mich dafür, ab sofort dankbar für das zu sein, was mir angeboten wurde. Ende der Geschichte.
Solltest du wissen, was es mit dem Gesetz der Resonanz auf sich hat, wird es dich nicht wundern, dass es am dritten Tag mittags etwas Köstliches, Glutenfreies für alle gab. Und am vierten Tag entdeckte ich beim Frühstück, dass es megaköstlich war, auf die Reiswaffeln Tahini zu streichen und darüber Marmelade. Das schmeckte so

gut, dass es fast schon zu lecker war für ein Meditations-
frühstück. Ergo: Kaum hatte ich mich dafür entschieden,
die Nörglerin auf ihren Platz zu verweisen und stattdessen dankbar zu sein, gingen Türen auf, und ich konnte
schlemmen wie jeder andere auch. So was aber auch.

Zudem wurde mir klar, wie extrem fixiert ich auf das
Thema »Essen« war. Als würde mein Leben davon ab-
hängen, ob ich zehn Tage lang genau das bekam, was ich
mir selber kochen würde. Auch das konnte ich nachhaltig loslassen. (Was ich später beim dritten Kurs verifizie-
ren konnte. Ich war frei.)

Vipassana befreit, und das nachhaltig. Das kann ich nur
wieder und wieder betonen.

Wo bleibt nun die Lügengeschichte?

Entschuldige die lange Vorrede, aber ohne all das zu
wissen, verstehst du nicht, was an Tag 5 in mir los war.

Ich hatte ja inzwischen einen großen Teil der Rachemus-
ter ziehen lassen und auch mit dem Essen absoluten Frieden geschlossen, als ich zum Mittagessen als eine der
Ersten in den Raum kam und sah: Schokoladenkuchen
mit dem Schildchen »Sans gluten«, also ohne Gluten!
Wahrlich, ich musste ein guter Mensch sein und viel aufgelöst haben! Sofort wurde meine Gier aktiv. Anstatt in
Ruhe mein Essen zu essen und danach ein Stück Kuchen

zu futtern, ging ich direkt zum Dessert und suchte mir ein großes Stück aus. Drei, zwei, eins und zack – meins! Erst, als ich es an meinem Essensplatz gebunkert hatte, bediente ich mich am leckeren Mittagessen. Das wiederum war so gut, dass ich eigentlich danach satt war. Und irgendwie (jetzt wird es wieder unterbewusstseinstechnisch spannend) hatte ich gar keine wirkliche Lust mehr auf etwas Süßes. (Warum nicht? Weil es da war, auch für mich!) Jetzt stand der Kuchen, das größte Stück, aber schon auf meinem Platz. »Und Essensverschwendung ist auch blöd, vor allem in so einer Einrichtung«, flüsterte mir mein schlechtes Gewissen zu. Ich fing also an, den Kuchen zu essen, merkte aber nach der Hälfte, dass es genug war. Der Magen war jetzt viel zu voll, um nachher optimal Vipassana praktizieren zu können.

Einfach den Rest in den Essensabfall kippen, sagst du? Jaaaaa, schon, nur: Seitdem ich den Raum betreten hatte, stand eine Helferin direkt neben der Wanne mit den Abfällen. Und aus meiner Sicht musste sie gesehen haben, dass ich mir gierig und egoistisch sofort das dickste Stück Kuchen auf den Tisch gestellt hatte. Dieses jetzt vor ihren Augen wegzuwerfen, setzte mich einem tiefen Schamgefühl aus. Außerdem würde sie dann schlecht über mich denken, und das konnte mein Ego ja nun gar nicht gebrauchen.

Ich hoffe inständig, dass du an den Schilderungen meines geistigen Irrsinns erkennst, wie wahnsinnig wir wirklich alle sind! Goenka nennt das in einem seiner Vorträge auch die Angst davor, dass das wunderbare Selbstbildnis, das wir von uns selbst geschnitzt haben, von den anderen anders gesehen werden könnte, was uns tief treffen würde. Wir schnitzen ein Madonnenbild von uns und wollen, dass wir so und nur so gesehen, gepriesen und wertgeschätzt werden. Ich wollte nicht als gierig und verschwenderisch eingeschätzt werden, obwohl ich in diesem Moment genau das war. Nur merken sollte es halt keiner.

Also log ich.

Ich log wortlos und ohne Blickkontakt, indem ich anfing (Irrsinn!), so zu tun, als würde ich noch essen wollen. Dann seufzte ich demonstrativ, als täte es mir wahnsinnig leid, um schließlich den Teller mit dem Rest Kuchen (gut die Hälfte) unter den leeren Mittagessenteller zu quetschen, an der Helferin vorbei und, hopplahopp, hinterrücks in die Restewanne zu kippen. Glück gehabt, Image gerettet!

Als mir danach beim Spaziergang über das Gelände klar wurde, dass ich gerade beabsichtigt hatte, andere anzulügen, indem ich versuchte, mein wahres Verhalten zu vertuschen, einfach weil ich mich für mich und mein Verhalten schämte, schämte ich mich umso mehr.

Homo irrationalis. Es dauerte eine Weile, bis ich mir selbst »Ego me absolvo«[26] in Gedanken zuraunen konnte und beschloss, diese deutliche Selbsterkenntnis dazu zu nutzen, meine Gier in Zukunft rascher zu erkennen und nicht mehr länger ihr Sklave zu sein bzw. wenn ich es noch wäre, mich dann wenigstens nicht dafür zu schämen und so zu tun, als ob (nicht). Zumal mir sowieso zunehmend klarer wurde, dass ich ganz alleine mich zu belügen versucht hatte. Die Küchenhelferin ahnt bis heute vermutlich nichts von meiner Scharade, und wenn doch, wäre es ihr sicherlich völlig egal.

Der weite Weg zu Dhamma Mahi hatte sich also allemal gelohnt. Vor allen Dingen, weil ich am Ende eine der Küchenhelferinnen, eine Deutsche, noch ein gutes Stück mitnehmen durfte und ihr damit einen großen Gefallen tun konnte. Vipassana ist so: Man kann nicht anders, als danach anderen helfen zu wollen. Sie erzählte mir dann, wie hilflos die ganzen Franzosen in der Küche mit »glutenfrei« gewesen waren und dass sie so dankbar gewesen waren, dass die deutsche Helferin wusste, was Gluten überhaupt ist und was man tun konnte, um diesen Weizenbestandteil zu vermeiden. Ich schwieg, als sie mir das erzählte, und erinnerte mich an mein Mangel- und Nörglerthema der ersten beiden Tage. Ich schwieg

---

26 lat.: »Ich vergebe mir.« In Anlehnung an den Spruch »Ego te absolvo«, den katholische Priester nach der Beichte aussprechen, »Ich vergebe dir«.

nicht aus Scham, sondern weil es reichte, das unaufgefordert erzählt zu bekommen, um ein weiteres Mal tief in mir zu verankern, wie ungerecht wir sind, wenn wir im Egosud baden.

Mit Maude, meiner Zimmergenossin, tauschte ich noch Nummern aus. Sie erzählte mir, dass sie an Tag 9 fast noch abgereist wäre. Sie hatte ausgerechnet am letzten Tag noch eine Vollkrise gehabt. Meine persönliche Minikrise hatte ich am Tag 7 abgefeiert. Glücklicherweise war mein Ego nach zwei Stunden aber auch schon wieder zufrieden gewesen. Am Tag 9 aber noch abbrechen zu wollen, zeigt, was Drama so anstellen kann. Natürlich war sie froh, dass die Lehrerin sie dazu überredet hatte, zu bleiben. Nichts schmeckt köstlicher als der Moment, wenn der Kurs zu Ende ist, du in dein Leben zurückkehrst und um Tonnen leichter bist, mit dem guten Gefühl, durchgehalten zu haben. Dieses Mal, so versprach ich mir, würde es mir nicht mehr passieren, ein Kalenderjahr ohne Vipassana verstreichen zu lassen. Zu wertvoll waren die Reinigung, die ich erfuhr, und all das tiefe Wissen, das ich dadurch immer wieder mit anderen würde teilen können.

Dieses Mal hielt ich mein Wort mir gegenüber.

UNGEAHNTE WENDUNGEN

Vipassana Nr. 3

Dhamma Dvara, Deutschland: Raus mit der Essenz! oder: Wie ich Unternehmerin wurde

Um es gleich vorwegzunehmen: Ich hatte zehn wundervolle Tage.

Für mich war diese Teilnahme der Beweis dafür, dass man, entscheidet man sich erst einmal aus ganzem Herzen dafür, zehn volle Tage nur mit sich selbst und sonst nichts, mit keinerlei Ablenkung, absolut genießen kann. Gleichzeitig sagt so etwas ja nichts über kommende Kurse aus. In diesem Fall aber war es wunderbar.

Ich genoss die Ruhe. Ich genoss die Abgeschiedenheit. Ich genoss es, ganz mit mir und bei mir zu sein. Ich war eine Schülerin, die bereits wusste, was sie erwarten würde, und dazu voll und ganz »Ja!« gesagt hatte.

Wieder war ich in einem Zweibettzimmer untergebracht. Auch dieses Mal hatte ich die Gelegenheit, mit meiner Zimmernachbarin ein paar Worte zu wechseln, bevor es in die Stille ging. Sie war eine nette Frau mittleren Alters, die zum zweiten Mal nach längerer Pause den Kurs mitmachte, vornehmlich, um sich eine Auszeit zu gönnen. Wir klärten noch die »Fenster auf, Fenster zu«-Frage (es war schon nahe am Winter und recht kalt dort in Sachsen), und dann begann der Kurs auch schon.

Während andere bei der Begrüßungssuppe noch eifrig schnatterten, hatte ich keine Lust, zu reden. Ich freute mich einfach auf diese Stille. Leider sahen das nicht alle so, und ich musste der Höflichkeit halber ein paar langweilige, sinnfreie Fragen wie »Und wo wohnst du?« beantworten. Ganz ehrlich: Wen interessiert das? Wir alle waren hergekommen, um in die Stille einzutauchen und uns nicht ständig mit unserer »Identität« zu identifizieren. Vielleicht waren diese Fragen aber auch einfach ein Ausdruck von Unsicherheit und Angst vor dem, was vor einem liegen könnte. Ich war jedenfalls froh, als der Gong alle zur Stille rief.

Anscheinend war ich dieses Mal so in mir selbst versunken, dass ich dir gar nicht sagen kann, was es alles in mir hochgespült hat in den Tagen. Und das, obwohl dieser Kurs ja noch nicht so lange her ist wie die anderen.

Alles kam und ging. Nur an ein kleineres Drama kann ich mich erinnern, zu dem mir meine Zimmergenossin verholfen hat.

Der Fairness halber möchte ich vorwegnehmen: Früher war ich auch so. Ich war auch mal eine der Frauen, die eine Batterie »edler« Parfums im Bad hatten und dachten, sie würden gut riechen, wenn sie riechen, als hätten sie zehn Tage lang bei Douglas campiert. Da ich Menschen oft und gern umarme, kann ich aber wirklich sagen: Nein, wir riechen nicht besser mit diesem Nasenodel (= Konglomerat zusammengemischter Kunstdüfte). Für mich ist es echt schlimm, wenn mich jemand umarmt, der stark nach Deo, Parfum oder irgendeinem Aftershave duftet. Der Liga Menschen, die man mit solchen Pseudoaromen ködern kann, gehöre ich garantiert nicht an, im Gegenteil. Durch die giftigen Stoffe (ja, so nenne ich das) schwillt meine Nase total zu wie bei einer Erkältung bzw. Allergie. Je »cleaner« mein Körper in den Jahren wurde, umso weniger konnte ich es ertragen.

Nun, wie heißt es immer so schön: What you resist, persists. Das, dem du dich widersetzt, bleibt. So kam meine liebe Zimmernachbarin (auf ca. 16 qm) auf die glorreiche Idee, sich ihr Deo morgens im Zimmer unter die Achseln zu sprühen. Resultat: Katastrophe bei mir! Ich konnte nicht fassen, wie ein Mensch auf die Idee kommen konnte, in so einem kleinen Raum Deo zu versprühen. Das ist ja fast schon wie auf Monsanto-Feldern spazieren zu gehen und tief dabei einzuatmen!

Kälte hin oder her: Da ich es ihr nicht sagen durfte und sie auch nicht mit Blicken töten konnte (aus zweierlei Gründen, wegen der »edlen Stille«, aber auch wegen des Versprechens, zehn Tage lang kein Leben zu nehmen), riss ich das kleine Fenster sperrangelweit auf. Und es war mir egal, wie kalt es wurde, ich brauchte Luft, um nicht zu ersticken. Gleichzeitig hoffte ich, dass sie doch den Zusammenhang zwischen »Deo sprühen« und »Fenster aufreißen« kapieren würde. Am Tag 10 erklärte sie mir dann, dass sie damals schon an meinem Geisteszustand gezweifelt hatte und dachte, ich wäre hysterisch. Als sie aber hörte, dass ich wirklich keine Luft mehr bekommen hatte und meine Atemwege dadurch angegriffen worden waren, tat es ihr leid.

Ein schönes Beispiel dafür, was wir über Menschen so denken und wie schnell sich unser Bild von ihnen drehen kann, wenn wir wissen, was in ihrem Inneren vorgeht.

Jedenfalls stellte mich dieser Deoterror vor eine typische Vipassana-Herausforderung: Annehmen, was ist. Es dauerte ein paar Tage, doch irgendwann machte es »Klick!« bei mir. Na klar, ich widersetzte mich ständig der Realität (Zimmer stinkt nach Duftbombe und meine Nase geht zu, der Hals kratzt) und kochte im Inneren vor Wut. Erst, als mir klar war, dass das eine meiner zu lösenden Aufgaben war, wurde ich ruhiger. Ich gab mich hin. Was nicht bedeutete, dass ich nicht mehr lüftete. Natürlich durfte ich mir dazu verhelfen, atmen zu können. Aber die Wut, die brauchte es dabei nicht.

Solche Lektionen kann man lernen, wenn man nicht kommunizieren darf. Du merkst am Ende, dass der wesentliche Dialog ohnehin dein innerer mit dir selbst ist.

Tja, das war aber auch das einzige Drama, an das ich mich erinnern kann. Beim Essen war ich dieses Mal von Anfang an genügsam und dankbar für das, was mir gegeben wurde (Es gab morgens wieder Reiswaffeln mit Tahini und Marmelade, hurra!), die Tage schienen weder zu lang noch zu kurz, ich kam zur Ruhe, und der Kurs spülte, an den Reaktionen des Körpers deutlich erkennbar, tiefe Themen hoch, aber ich konnte sie wirklich kommen und gehen lassen. So ging ich immer frühzeitig in den Meditationsraum, setzte mich aufrecht nieder, versunken, genießend, und war einfach da. Was staunte ich, als mir am Tag 10 einige sagten, sie hätten mich immer bewundert, ich hätte da vorne gesessen wie Buddha höchstpersönlich. Auf so einen Gedanken war ich gar nicht gekommen. Natürlich nicht, ich kümmerte mich ja nicht um andere (höchstens deren Deo), sondern um mich.

Da der Parkplatz ein wenig leerer aussah als am Ankunftstag, fragte ich am Morgen der Abreise einen Helfer, ob denn jemand gegangen wäre. »Ja, mindestens sechs«, gab er zur Antwort. Ich fiel fast vom Glauben ab.

In Frankreich hatte ich am Tag 3 ein sehr junges Mädchen gehen sehen. Aber sechs? Das musste an der Disziplinlosigkeit der Deutschen liegen, so viel stand für mich fest. Arbeiten können wir wie die Weltmeister. Solange wir im Außen abgelenkt sind, funktionieren wir wie am Schnürchen. Nur mit uns selber, da halten wir es schwer aus.

Tiefenentspannt und ohne Radiogedudel fuhr ich die drei Stunden zurück nach München. Dieses Mal war für mich das, was geschehen war, nicht so greifbar wie in den Kursen zuvor. Was ich spürte, war, dass etwas anders war. Nur was? Es interessierte mich nicht einmal. Alles, was ich fühlte, war wunderbar, so, wie es war.

Veränderungen im Innen bringen Veränderungen im Außen.

So konnte ich zwar nicht nachvollziehen, was sich für mich geändert hatte, dafür fehlten mir dieses Mal die Bilder. Doch kurze Zeit später, nachdem ich in München angekommen war, erfasste mich mit absoluter Klarheit ein Entschluss: Ich würde beginnen, die Aloe-Vera-Produkte, die ich schon eine ganze Weile total begeistert nutzte, auch zu vertreiben! Ich sage bewusst »erfasste mich«, denn das war nichts, was ich mir rational überlegt hätte. Im Gegenteil: Ich wunderte mich über diese klare Eingebung. Wie viele Puzzleteile dadurch später bei mir an ihren Platz fallen sollten, einfach so, konnte ich damals noch nicht ahnen.

Zwei Mal hatte ich 2016 versucht, meine Pläne in eine bestimmte Richtung zu lenken. Zwei Mal scheiterten sie auf die gleiche Art und Weise. Beide Male hatte ich mir professionelle Unterstützung bei meiner Arbeit erhofft, und beide Male war dieser Traum einfach so, wie aus dem Nichts, geplatzt.

Wäre mein Glaube, dass alles zu meinem Besten geschieht, nicht so stark gewesen, wäre ich vermutlich an die Decke gegangen. So aber hatte ich es geschehen lassen und stand nun da, ohne feste Termine für 2017. Also der Terminkalender war voll, aber ich würde das alles alleine nicht organisieren können. Alles, was ich in dieser beruflichen Situation brauchte – zu 100 % selbstständig und finanziell komplett auf mich alleine gestellt –, war scheinbar weg. Ich lernte, mich dem hinzugeben, und das war die Ausgangslage gewesen, mit der ich meinen Vipassana-Kurs angetreten hatte.

Und nun diese verrückte Idee!

Nein, es war keine Verzweiflung. Es war diese Form von Eingebung, die mit einem Mal so klar und deutlich einschießt, sodass man keine Zweifel hat. Ich weiß, wie wegweisende Inspiration sich anfühlt. Jede Zelle meines Körpers sagte »Ja!«. So blieb mir nur eines: Meine Aloe-Vera-Verkäuferin anzurufen und sie zu fragen, wie das eigentlich so ginge, die Produkte zu vertreiben. Ihren Ratschlägen folgend hatte ich bis Ende Dezember einen unerwartet hohen Umsatz erreicht, und das einfach nur durch meine eigene pure Begeisterung, die ja echt war.

Wenn du jetzt denkst, dass das aber schon alles war, irrst du gewaltig. Wenn man aufhört, echte Inspiration zu hinterfragen, und sich ihr hingibt, dann kann man immer wieder aufs Neue ein wahres Wunder erleben.

Als ich nach und nach begriff, was ich da tat, wuchs meine Begeisterung. Seit Jahren hatte sich ein Teil von mir danach gesehnt, als Unternehmerin wirken zu können. Als Gymnasiallehrerin hatte mir damals aber einfach der Raum gefehlt, mir vorstellen zu können, was da in mir noch gelebt werden wollte bzw. wie das konkret aussehen würde. Ich hatte mehrfach überlegt, an dem einjährigen Programm »Lehrer in der Wirtschaft« teilzunehmen, bei dem Beamte für ein Jahr in einem Betrieb arbeiten, um ihre Erfahrungen dann in die Schule einfließen zu lassen. Weißt du, warum ich mich damals nicht beworben hatte? Weil ich ahnte, dass ich dann nicht mehr in den Trott der Lehrplandiktatur zurück könnte. Etwas Ähnliches sagte eine Schulleiterin, der ich erzählte, ich würde mich für ein Jahr unbezahlt beurlauben lassen (auch so eine Inspiration). Sie meinte, das wäre sicher toll, aber sie fürchtete, dass ich danach dann nicht mehr zurückkehren wollen würde.

Ich glaube, dass sehr viele Menschen tief in sich genau das fürchten, wenn sie aus ihrem Käfig ausbrechen würden, und sei es nur für ein paar Wochen. 14 Tage Urlaub, das geht gerade noch so. Dann stöhnt man zwar, weil man anschließend wieder malochen muss, aber der Zeitraum ist kurz genug, um an der Leine gehalten zu werden. Was aber, wenn man fünf, acht, zehn Wochen am Stück das tut und lässt, wonach einem ist? Wie sehr wächst dann der Widerwille gegen das, was man nicht machen würde, hätte man nur genug Geld? Ich kann dir aus Erfahrung sagen: Er wächst. Und genau davor haben so viele Angst. Davor, dass sie sich selber nichts mehr vormachen können. Denn wenn man das nicht mehr kann, hat man keine Wahl mehr: Dann muss man etwas ändern, Ängste hin oder her.

Für viele der Menschen, die mich als spirituelle Person, als Buchautorin, als Umarmerin und als einen Menschen mit außergewöhnlichen intuitiven Fähigkeiten kannten, blieb nur Fassungslosigkeit ob meiner Veränderung. Für mich ein echtes Lehrstück aus dem Bilderbuch: Menschen, die auf spirituellen Seminaren darüber klagen, dass sie keiner so sein lässt, wie man will, und die postulieren, dass man das Recht darauf hat, zu tun, was man möchte, lehnten mich mit einem Mal ab. Ich passte nicht mehr in die Schublade, in die sie mich (ungefragt) gesteckt hatten. Denn wer wirklich spirituell wäre, der würde ja nicht anfangen, Produkte zu verkaufen und schon gar nicht Network Marketing zu betreiben! Offenkundig war ich den Verführungen des Satans doch erlegen, oder ich hatte die letzten Jahre nur so getan, als sei ich »so«.

Tatsächlich verhielt es sich wie folgt: Ich hatte bei meinem Anruf mit der Frage »Wie geht das jetzt mit dem Verkaufen?« keinen blassen Schimmer, was Network Marketing überhaupt war. Keinen. Null. Da ich aber so geprägt bin, dass ich recherchiere und mich selber schlaumache, googelte ich den Begriff. Interessanterweise (und da hatten wohl ein paar Spirits doch ihre Hände im Spiel) stieß ich auf keine kritische Seite zu dem Thema. Ich las einfach nur sachliche Beschreibungen dessen, was Network Marketing eben war. Und dann flippte ich vor Begeisterung aus! Warum hatte mir noch nie jemand davon erzählt? Ich war aus dem Häuschen! Das war für mich einfach die spirituellste Form von Unternehmertum überhaupt. Einfach genial! Indem du anderen hilfst, erfolgreich zu werden, wirst du automatisch, quasi als Abfallprodukt, selber erfolgreich. Na bitte, das war doch mal echt mega!

Mit dieser Erkenntnis, freudestrahlend und glücklicherweise völlig naiv, eröffnete ich der Welt meine Entscheidung und bot fröhlich sowohl das Aloe-Vera-Gel wie auch die Möglichkeit an, mit mir im Team gemeinsam zu wachsen, nicht zuletzt durch Coachings von mir. Hätte ich damals geahnt, welchen Hals manche kriegen, wenn sie »Network Marketing« hören, ich ... hätte es ohnehin nicht geglaubt. Heute weiß ich: Kaum eine Arbeit bringt deine Themen so dermaßen an die Oberfläche wie die Arbeit als Networker. Jeder Mensch hat in so einem System die gleiche Ausgangssituation, unabhängig von Schulbildung, Alter, Geschlecht. Es ist einer der wenigen Berufe, bei dem Frauen genau das Gleiche verdienen wie Männer. Nur dass viele nicht verstehen, dass sie als Networker Unternehmer sind. Sie ändern ihr Denken nicht. Sie sind im Kopf weiter Angestellte und warten darauf, dass ihnen jemand genau sagen würde, was sie tun sollten. Dass die Produktfirma sie umgarnen müsse oder dass ihr Team an Misserfolgen schuld sei. Die Gründe, warum es nicht klappt, sind vielfältig. Aber es sind genau die gleichen wie im restlichen Leben auch.

Network Marketing zeigt dir, ob du auf Versprechungen reinfällst, bei denen du genau weißt, dass sie eigentlich kaum wahr sein können (»In einem halben Jahr bist du Millionär, ohne einen Finger krumm zu machen!«). Network Marketing zeigt dir, dass du Angst davor hast, andere Menschen anzusprechen. Network Marketing spiegelt dir deine Mangelthemen und den Frust, dass andere in der Zeit, in der dir kaum etwas gelingt, an dir vorüberziehen, und das, obwohl ihr Ausgangspunkt der Gleiche war. Alles in allem ist es aber einfach eines: eine Chance. Eine Chance, die nicht für jeden gleich gut geeignet ist und für manche gar nicht. Für die anderen aber erweist sie sich als großer Segen, insbesondere Menschen, die

Freude daran haben, anderen Gutes aus Überzeugung weiterzuempfehlen.[27]

Ich will mich hier nicht allzu lange mit dem Thema aufhalten. Alles, was ich weiß, ist, dass ich gleich zu Beginn eine wunderbare Erfahrung machen durfte. Nach ein paar Postings auf Facebook voller Freude und Euphorie beschwerte sich eine »Freundin« in einem Kommentar. Manche meiner Postings seien ja nett, andere überflüssig. Aber dass ich jetzt offenkundig das Networken für mich entdeckt hätte und hier Werbung für meine Produkte machte, das solle ich doch künftig unterlassen, das wolle sie hier nicht lesen. Ich war sprachlos. Da kam jemand (eine »spirituelle Frau«) auf die Idee, mir vorschreiben zu wollen, was ich posten dürfte und was nicht? Chakrentabellen, die dürfte ich wohl teilen, aber das, was mich im Innersten entflammt hatte, nicht? Da ich es ablehne, mit Menschen in öffentlich lesbaren Kommentaren zu streiten, wechselte ich zu Privatnachrichten. Meine

---

27 Bitte verstehe: Ich erzähle das so ausführlich, weil es eine so einschneidende Veränderung war, die nach Vipassana eingetreten war, und zwar unmittelbar und lebensverändernd. Mir geht es nicht darum, alle Networkfirmen heiligzusprechen. Ich sage auch nicht, dass es für jeden supertoll ist oder dass jede Networkfirma prima ist. In welcher Branche wäre das schon so? Was ich aber beobachte, ist, dass aufgrund diverser Geschichten, Gerüchte und Enttäuschungen Network Marketing zu unrecht unter Generalverdacht gestellt wurde. Das ist sehr schade, denn ich finde den Grundgedanken genau richtig: Jedem die Chance zu geben, sich mit etwas selbstständig zu machen, was er ohnehin tut: Produkte, die er mag, weiterzuempfehlen. Wenn du Network Marketing aus persönlicher Erfahrung kennst und nichts davon hältst, dann störe dich bitte nicht daran, dass ich darüber schreibe. Das hier ist ein Buch, das meine Geschichte erzählt, und da gehört diese Erfahrung mit meiner Sichtweise nun mal dazu. Das hier auszusparen, nur weil es ein paar Leuten aufstoßen könnte, würde bedeuten, meine Geschichte zu zensieren. Und das kommt für mich nicht infrage!

Worte waren wohlwollend, aber klar. Am Ende wies ich sie darauf hin, dass ich mich sehr wohl daran erinnern könnte, dass auch sie lange Zeit Werbung für Nahrungs-ergänzungsmittel gemacht hatte. Diese Frau war selber Networkerin gewesen. Ich war ihr nicht böse. Aber ich musste mir auch von niemandem sagen lassen, was ich auf meiner Seite posten darf und was nicht.

Warum findet das hier einen Platz? Nun, weil auch das eine Nachwirkung von Vipassana war. Zum einen hätte mich so ein Kommentar früher mitten ins Herz getroffen, weil ich mich total unverstanden gefühlt hätte. Da stand ich, mit so viel Liebe im Herzen für die Produkte und auch für das System, und dann merkte ich, wie die Spannungen auf meiner Pinnwand wuchsen. Gerade die »Spirituellen« fingen an, genervt zu sein, wütend, ablehnend. Ich konnte all das betrachten, ohne das alt-bekannte Gefühl, mal wieder bei einer Steinigung oder auf dem Scheiterhaufen gelandet zu sein.

Ich war frei.

Ich war so frei, dass ich so frei war, das auf meiner Pinn-wand zu schreiben. Ich tat es aus reinem Herzen und meinte absolut jedes Wort genau so:

»Wohl einer der wichtigsten Posts der letzten Monate. Bist du bereit für diese offenen Worte?

Vor Jahren wurde ich verbal dafür gesteinigt, mich der Spiritualität zuzuwenden. ›Völlig durchgedreht‹ sei ich gewesen, ›einen an der Klatsche‹ hätte ich anderen zufolge. Ich durfte lernen, die anderen reden zu lassen und meinen Überzeugungen zu folgen. Dabei wurden mir Dinge angedichtet, die schon von sehr großer Fantasie zeugen. Oder anders gesagt: Jeder kann in anderen immer nur die eigene begrenzte Welt sehen. So ist das nun mal.
Dann gingen Leute aus meinem Leben, und andere kamen. Ich fand ein neues freundschaftliches Zuhause. Menschen mit Tiefgang, mit Interesse an Spiritualität bereicherten mein Leben. Sie teilten meine Erfahrungen mit Andersdenkenden, und wieder war ich geborgen in einer Gemeinschaft, dieses Mal, so schien es, von Freigeistern. Menschen, die andere so lassen konnten, wie sie waren, oder zumindest den Anspruch an sich hatten, das zu lernen. Meine Vorträge und Bücher wurden geliebt, ich schien angekommen zu sein. War ich auch. Doch was ist schon für immer?

Dann brach etwas Neues aus mir hervor. Wer mich seit meiner Schulzeit kennt, wundert sich jetzt wiederum kein bisschen. Als Rampensau war ich schon immer bekannt, und dass in mir Unternehmerblut steckt, wenngleich nicht durch Familienerbe, scheint alte Bekannte nicht zu überraschen, im Gegenteil. Ich kündigte meine Verbeamtung auf Lebenszeit. Und verzichtete damit auf eine Stelle mit einer Tätigkeit, die mir zum Teil nach wie vor Spaß machte, die sinnvoll erscheint, mit, jaaaaaaa, viel mehr Urlaub, als andere haben, und auf 3000 Euro netto im Monat mit Pensionsanspruch. Ich habe den goldenen Käfig gegen Unsicherheit getauscht, die allein durch die Sicherheit aufgewogen wird, die mir meine Intuition schenkt. Und auch hier lief so einiges anders als ›geplant‹.

Oktober 2016 stand ich vor einem neuen Nichts. Auch hier blieb ich recht ruhig, da ich spürte, ich bräuchte offene Arme, sonst würde ich das Neue nicht erkennen und nicht annehmen. Ich sollte recht behalten. Was zu mir kam, war eine Welle der Leidenschaft und Begeisterung. Alles machte plötzlich Sinn. Alle Puzzleteile der letzten zehn Jahre fügten sich zu einem ganzen Bild zusammen, und ich begann, vor Freude überzuströmen! Weißt du, wie berauschend das ist, wie schön und wie echt, wenn du etwas aus totaler Leidenschaft heraus tust und du weißt, dass gerade das beginnt, wonach du dich gesehnt hattest, aber nie gewusst hast, wie es im Außen aussehen würde?

Alte Visionen von mir werden gerade in Farbe ins Leben gerufen. Habe ich es je bereut, mich nach innen gewandt zu haben und mystische Erfahrungen gemacht zu haben, als Preis dafür das Gespött anderer erntend? Nein, nein, keinesfalls. Nein. Habe ich es je bereut, diese berufliche ›Sicherheit‹ aufgegeben zu haben, obwohl finanziell kein Netz und kein doppelter Boden da waren? Nein, keine Minute! Bereue ich es, dass ich jetzt einen wieder schein- bar neuen Weg beschreite, weil ich dabei aufblühe, Un- ternehmerin zu sein und anderen dabei zu helfen, sich ihre Träume zu verwirklichen? Ist es schlimm für mich, dass jetzt wieder Menschen mit verbalen und gedank- lichen Steinen nach mir werfen (unter anderem solche Menschen, die mich gerne umarmten, als sie mich noch für ›astrein spirituell‹ hielten)? Nein, nein und noch mal nein.

Ich bin doch nicht spirituell, weil ich Eckhard Tolle lese! Ich bin spirituell, weil ich all die frommen und fröhli- chen Sprüche LEBE! Und wenn ich sage, authentisch sein heißt auch, wandelbar zu sein, indem man mit dem Fluss des Lebens geht und bereit ist für Veränderungen, dann hört das nicht auf, wenn etwas Neues ruft! Ich habe schon immer Unternehmer bewundert, die ihr Business nicht auf Habgier und Eigennutz gründen, sondern die göttliche Balance zwischen wertvoller Eigenversorgung, echter (!) Fülle und echtem Überfluss finden und aus dem Wunsch handeln, für andere etwas Wertvolles zu schaffen. Auch hatte ich davon geträumt, eines Tages so ein Mensch zu sein und der Gesellschaft einen Mehr- wert geben zu können. Ich lehne Geld nicht als Wurzel allen Übels ab. Ich liebe es, und ich liebe es, wenn es zu mir kommt. Und genauso gerne lasse ich es auch wieder wandern, weil es einfach eine von tausend Formen der Energie ist. Ich habe nur schlichtweg keinen Bock, zuzulassen, dass nur Raffzähne und Egomanen Geld bei sich horten. Ich finde, da ist es bei mir viel besser aufgehoben, weil ich wirklich sinnvolle Dinge kenne, für die man es nutzen kann. Und auch sinnfreie, denn Geldausgeben kann auch einfach mal nur Spaß machen. ☺

Wer mir jetzt unterstellt, ich würde all das jetzt nur wegen des Geldes machen, der ist blind für das, was mein Herz bewegt. Hätte ich einfach nur Geld haben wollen, hätte ich meinen Hintern keinen Millimeter bewegen müssen. Ich hätte jeden Monat für mich 3000 Euro zum Verplempern gehabt – dafür muss ein Unternehmer erst mal viel, viel Umsatz machen, um das netto übrig zu haben!!! Ich hätte weiter jedes Jahr drei Mal in den Urlaub fahren können, hätte unbegrenzte Lohnfortzahlung im Krankheitsfall und all dieser Dinge mehr gehabt. Das gibt man nicht auf, wenn man das, was man tut, nur wegen des Geldes macht. Und ich war mit meinem Level sehr zufrieden, ein teureres Auto als mein Cabrio hätte ich nie gebraucht, und auch nicht mehr Quadratmeter (ich hatte 120 qm für mich allein, auf zwei Stockwerke verteilt!). So was juckt mich nicht. Ich bin nicht grenzenlos gierig. Ich bin grenzenlos. Das ist ein Unterschied.

Und so grüße ich heute all diejenigen, die von meiner Chronik genervt sind, weil ich hier das teile, was ich liebe! Weil ich hier das teile, was mich bewegt, und das ist jetzt nun mal etwas anderes als vor zwei Jahren, und das war etwas anderes fünf Jahre zuvor. Ich werde mich weiter wandeln und lasse mich nicht davon aufhalten, dass andere meinen, zu wissen, was sie von meiner Chronik erwarten können. Ich schreibe das nicht im Zorn, im Gegenteil. Mein Herz ist mehr und mehr voller Liebe! Doch wer liebt, muss sich noch längst nicht alles gefallen lassen. Das hier ist ein freier Ort, ihr könnt liken und entliken, was immer ihr mögt, das ist online so viel leichter zu tun, als wenn man jemandem ins Gesicht blickt. Und auch da ist die Geschichte nicht zu Ende. Ich haue keinem die Türe vor der Nase zu. Wer sich heute genervt abwendet, der kann morgen gerne wiederkommen. Groll tut mir nur selber weh, und ich arbeite täglich an mir, um alte Wunden zu schließen. Ich habe keine Angst mehr davor, dass du mich oder mein Tun nicht gut findest. Weißt du, wie viel freier mich das macht? Ich lebe! Ich liebe! Ich bin motiviert und bewegt. Und deine Sichtweise auf mich und mein Tun kann dich wirklich weiterbringen, wenn du dich selber damit auseinandersetzen magst. Das nicht zu tun, ist genauso gut.

Ich bin Unternehmerin. Ich bin Chancengeberin. Ich bin Autorin, Speaker, und es gibt noch so viele Dinge mehr, die ich sein möchte. Es geht mir nicht (mehr) darum, von so vielen wie nur möglich gemocht zu werden. Ich habe schon als Kind polarisiert, und damals habe ich bittere Tränen geweint, weil es so weh tat, abgelehnt zu werden, einfach weil man ist, wie man ist. Nach so vielen Jahrzehnten konnte ich nun diesen Anteil in mir heilen, und darum kann ich dir, voller Liebe in meinem Herzen, sagen: Ich suche hier nicht die Menschen, die mir Applaus klatschen. Ich suche die, denen ich helfen kann, sei es durch einzelne Gedanken, sei es durch meine Bücher, sei es durch Vorträge oder durch meine Produkte, sei es dadurch, dass diese Menschen spüren, dass sie in meinem Team sein und von mir gefördert werden möchten, weil sie sich nach einer neuen beruflichen Chance sehnen. DIE suche ich. Und dabei werden viele durch das Raster fallen. Am Ende finden sich die, die zusammengehören.

Fühl dich eingeladen, hier zu sein.
Fühl dich eingeladen, dich zu reiben oder einfach zu genießen.
Fühl dich eingeladen, zu gehen und wegzubleiben oder wiederzukommen.
Fühl dich dazu eingeladen, das hier blöd oder gut zu finden.

Verstehe nur: Für mich ist es nicht wichtig, was du wählst. Für mich ist es wichtig, etwas für mich Sinnvolles zu tun. Und wenn DU schlechte Erfahrungen mit etwas gemacht hast, was du meinst, hier bei mir zu erkennen, dann kannst du mich als Reaktion darauf ablehnen.

Oder aber du verstehst, dass es nichts Gleiches auf dieser Welt gibt. Nur, weil manch andere Network Marketing gierig betreiben, heißt das nicht, dass es nicht auch Menschen gibt, die es mit Herz, Hirn und Hingabe tun. Nur, weil es Autoren gibt, die aus Geltungsbedürfnis heraus bestimmte Absatzzahlen wollen, heißt das nicht, dass jeder Autor so ist. Nur, weil du Geschäftsleute für habgierig hältst, heißt das nicht, dass jeder Geschäftsmann so ist.

Wie war das noch mal mit dem »Man soll andere nicht verurteilen!«? Hört das auf, wenn man das Persönlichkeitsentwicklungsseminar verlassen hat? Gilt das nur für die, die am Engelkongress teilnehmen? Gilt das nur für die, die genau so denken wie du? Gilt das nur für die Mitglieder deiner Company?

Oder willst auch du endlich wirklich frei sein? Dann lass die anderen frei sein. Das macht frei.

Mit ganz viel Respekt, Liebe und Hochachtung für dich und deinen Weg

Silvia Maria Engl«

Zum ersten Mal war ich wirklich frei von dem Wunsch, mit meiner Meinung und Ansicht gemocht zu werden. Keine Angst vor Ablehnung, keine Angst vor Ausgrenzung. Das alles war die Folge des Vipassana-Prozesses, der mich in meine unternehmerische Tätigkeit geführt hatte, weil dort offenkundig etwas gelöst worden war, was mich bis dahin davon abgehalten hatte. Der Gegenwind ließ mich nicht umfallen, sondern ich segelte auf ihm dahin, die Welt entspannt von oben betrachtend.

Außerdem hatte ich kurz nach diesem Vipassana-Kurs 2 absolut erleuchtende Momente. Auf der Straße, auf dem Weg vom Supermarkt nach Hause. Erleuchtung kann dir eben immer und überall widerfahren, nicht nur auf dem Boden im Lotossitz sitzend. Mit einem Mal wurde mir klar, warum ich mich so massiv dagegen gewehrt hatte, zu »verkaufen«. Ich hatte bis dahin nie bewusst oder absichtlich meine Bücher verkauft. Ich hätte mich dafür geschämt. Vielmehr wollte ich, dass die Menschen sich wie magisch zu ihnen hingezogen fühlten. Und Unternehmerin, das wollte ich ja auch nicht sein. Diese zwei Glaubenssätze, die mächtig dahinter thronten, lösten sich beim Heimweg mit zwei Tüten in der Hand durch eine unvergleichliche Klarheit auf.

Bis heute wirken diese Erlebnisse nach, und sie führen mich zu der nächsten Station meiner Bestimmung. Als Folge all dessen fühle ich nun, dass es an der Zeit ist, anderen Frauen genau das beizubringen: endlich das zu verdienen, was sie verdienen.

Denn durch diese extreme innere Wandlung war es mir nun mit einem Mal möglich, fünfstellige Summen im Monat zu verdienen! Weißt du, wie sich das anfühlt, wenn du auf dein Konto siehst und merkst: Ich habe in den letzten vier Wochen über 10.000 Euro verdient? Und das mit einer wertvollen Arbeit, mit der ich anderen helfe?[28] Alles hat alles beflügelt! Ich habe gelernt, zu mir zu stehen, mich nicht mehr vor dem Urteil anderer zu fürchten. Ich habe gelernt, für meinen Wert einzustehen, und die Menschen bezahlen mich gerne und sind mir danach dankbar für das, was ich ihnen gebe, obwohl sie aus Sicht meines alten Ichs »echt viel« dafür bezahlen. Alles hat sich verändert. Weil ich mich verändert habe. Und nun war Platz für eine Fülle, die aus meinem Inne-

---

28 Diese Summe bezieht sich auf meine Arbeit als Coach und Autorin. Ich benenne sie nicht, um anzugeben, sondern um zu zeigen, was möglich ist, wenn dein Denken sich ändert. Network Marketing ist bis heute für mich eine Tätigkeit, die mir viel Freude macht und die ich liebe. Ich habe mich aber dafür entschieden, weiter als Inspirationista unterwegs zu sein, auch jenseits dieser Tätigkeit, und Frauen zu zeigen, wie auch sie mit ihrer Selbstständigkeit bzw. mit dem, was sie lieben, mehr verdienen können, und zwar, indem sie allem voran ihr Mindset verändern. Das ist seit vielen Jahren mein Arbeitsschwerpunkt und wird es auch bleiben. Ich sehe keinen Sinn in Konkurrenzdenken, im Gegenteil: Was ich am Network Marketing so liebe, lebe ich überall. Nämlich die Prämisse: »Wenn du dich in den Dienst der anderen stellst, wirst du automatisch erfolgreich werden.« Vorausgesetzt deine Gedanken passen auch alle dazu, auch die unbewussten. Dem Mindset für erfolgreiche Frauen widme ich mich in meinem neuen Projekt www.souldieress.com. Und nochmal in aller Deutlichkeit: Bei Souldieress geht es nicht um Network Marketing. Es geht darum, wie du mit dem, was du liebst, so erfolgreich sein kannst, dass du mehr als gut davon leben kannst.

ren heraus erwuchs. Gleichzeitig wusste ich: Das ist nur der Anfang.

Das war es, was damals im Dhamma Dvara mit mir passiert war. Alles, was danach kam, knüpft daran an. Und wenn du jetzt denkst, dass es hier nur um Geld geht, dann habe ich mich entweder sehr unklar ausgedrückt, oder du kannst nicht sehen, wie glücklich ich bin. Mein Glück, frei zu sein, anderen Menschen helfen zu können, auch frei(-er) zu werden, gemeinsam im Team zu wirken, statt wie früher nur Einzelkämpferin zu sein, den Ort meiner Arbeit völlig frei wählen zu können und alles tun zu können, was ich liebe – schreiben, coachen, networken –, das ist mein größtes Geschenk.

Vielleicht verläuft auch mein Weg nicht immer so gerade. Ich lächle, während ich diese Zeilen tippe. Natürlich wird er das nicht. Weil Kurven und steile Berge den Weg nicht schief machen, sondern sie einfach der kürzeste Weg zum Glück sind. Wenn du das verstanden hast, kannst du lächeln.

Und wenn du Vipassana verinnerlichst, sowieso.

Wir sind nicht spirituell, weil wir bestimmte Gebete sprechen oder die Chakren kennen. Wir sind nie spiritueller als in dem Moment, in dem wir uns erkennen und wagen, das zu leben, was wir sind und sein möchten.

Ich sehe die Engel überall. Nicht, wie du dir das vielleicht vorstellst, in leuchtenden Farben und mit Flügeln. Nein, ich sehe, dass sie überall unter uns Menschen stationiert sind. Ich sehe sie an der Börse. Ich sehe sie unter Fußballern. Ich sehe Putzfrauen, die Engel sind, und Firmenchefs. Ein Engel zu sein, hat nichts damit zu tun, Mandalas zu malen. Du bist ein Engel, wenn es dir gelingt, den Ort, an dem du bist, für dich und alle um dich herum ein wenig heller zu machen. Und gerade dort, wo es dunkel ist, werden Engel am meisten gebraucht. Lass dich also nicht täuschen. Nur, weil jemand heilig aussieht, muss er es nicht sein. Und nur, weil jemand unheilig zu sein scheint, heißt das nicht, dass der Schein nicht trügen würde.

Hör einfach auf dein Herz, und werde zum Beobachter dessen, was ist. Dann wirst du klarer und klarer sehen. Der Maßstab ist nicht, was jemand tut. Der Maßstab ist, ob er damit jemandem schadet. Wenn nicht, ist alles gut. Wenn er anderen dabei auch noch hilft, umso besser.

Mögen alle Wesen glücklich sein!

EGOISMUS ADE!

Vipassana Nr. 4

Dhamma Medini, Neuseeland: Stets zu Diensten!
oder: Tausche 12 Tage gegen einen Moment der
Liebe

Da gibt es eine Sache bei Vipassana, die mich von Anfang an faszinierte. Am Ende eines Kurses war ich jedes
Mal so gereinigt, so bei mir, so dankbar für all das, was
ich hinter mir lassen durfte, dass ich die Möglichkeit, anderen bei Vipassana dienen zu können, jedes Mal genial
fand. Ich wollte unbedingt beim nächsten Mal anderen
dienen, anstatt »nur« Teilnehmerin zu sein.

Dann verging einige Zeit, und zwei Mal gewann der
Gedanke: »Hey, wenn du schon so viel Zeit gibst, dann
hol das Maximum raus!« Mein Ego verstand unter »Maximum« natürlich, mich nur um mich zu kümmern
und nicht um andere. Allein beim Tippen dieser Zeilen
schmunzle ich schon wieder. Ja, unser Ego, einfach der
helle Wahnsinn!

Jedenfalls war ich wohl nach Kurs Nummer 3 gereinigt genug, um nun tatsächlich die Reife zu haben, beim vierten Mal als »service« anzutreten, also als freiwillige Helferin, die dafür Sorge tragen würde, dass die Teilnehmerinnen (mit den Männern hätte ich ja nichts zu tun) ungestört arbeiten können. Arbeiten, jawohl, denn das ist Vipassana: Arbeit an dir selbst.

Eigentlich hatte ich gedacht, dieser Aufenthalt im Dhamma Medini würde den Auftakt zu meinem Projekt »One Year Vipassana« machen, bei dem ich in einem Jahr auf allen fünf Kontinenten Vipassana-Kurse machen wollte, um danach ein Buch darüber zu schreiben. Die Idee war mir im Dhamma Dvara in Triebel in Deutschland gekommen, weil ich den Unterschied zwischen Deutschland und Thailand so krass fand. (Frankreich war irgendwo in der Mitte.) Obwohl du mit niemandem sprichst und der Kurs gleich abläuft, war die Energie völlig anders, und zwar wegen der Energie, die die Teilnehmer mitbrachten. Gongte es in Thailand, wurde ruhig aufgestanden und leise gegangen, auf leichten Füßen. In Deutschland hieß der Gong: aufspringen und mit festen Marschschritten losziehen. Erst ab Tag 5 wurde das etwas gemächlicher, wobei ich sagen würde, dass nicht mal am Ende der Sanftmut und die Ruhe der Asiaten erreicht wurden. Wir bringen dieses Zack-Zack-Zack so fest in uns verankert mit, dass sogar Meditieren eine ordnungsgemäße Disziplin zu sein scheint und ein Gong eben ein Gong ist, bei dem man nicht lange trödelt. Ich wollte also herausfinden, wie sich Vipassana in den unterschiedlichen Teilen der Welt anfühlt. Darum fing ich in dem Teil unseres Planeten an, der am allerweitesten weg war: Neuseeland.

Ich wusste ja schon, dass die Zentren immer so ausgesucht werden, dass sie einen möglichen Verkehrsanschluss für die Anreisenden bieten, dennoch aber in völliger Abgeschiedenheit in der Natur gelegen sind. Ob Frankreich da noch mal zu toppen ist, weiß ich nicht. Ich hatte wirklich mehrfach meine Zweifel, ob man noch endiger am Ende der Welt sein könnte.

Auch Dhamma Medini in Neuseeland war wunderschön gelegen, mit einem schönen Waldpfad, auf dem man seine schweigsamen Spaziergänge in der Mittagspause machen konnte. Zum ersten Mal hatte ich ein Einzelzimmer. Es war etwa sechs Quadratmeter groß, sauber, karg eingerichtet und einfach wunderbar! Ich dachte, das wäre meinem Helferinnenstatus geschuldet, doch es gab auch Helferinnen, die sich ein Zimmer teilten. Anscheinend hatte ich innere Fortschritte gemacht. Oder ich war, da ich eben die 40 überschritten hatte, nun in dem Teil meines Lebens angelangt, in dem man mir schon die komfortableren Unterkünfte zugestand. Wie auch immer, ich war da, und das zählte.

Nicht sehr überraschend wurde ich in der Küche eingeteilt. Das kann jeder, dafür muss man über das Zentrum oder die Hintergründe nicht viel wissen. Aufgrund der Situation war uns dort »noble speech« erlaubt, also die »noble Rede«, aber nur und ausschließlich zu Arbeitszwecken, und so gut es ging, sollten Männlein und Weiblein sich auch dort auseinanderhalten. Faktisch ging das gar nicht, umso seltsamer war es dann, in den Essenspausen tatsächlich in zwei verschiedenen Räumen sitzen zu müssen.

Das Essen selbst war einmal mehr fantastisch. Wer zu Vipassana-Kursen von dhamma.org geht und schlecht isst, muss wahres Pech oder einfach überzogene Ansprüche haben. Wobei wir schon bei einer meiner größten Lektionen wären. Ich durfte nämlich richtig viel Spaß mit dem, was mir hier gespiegelt wurde, haben, und auch meine Rachegöttin, genauer gesagt, ihre Schwester, die strenge Zuchtmeisterin und Lektionenerteilerin, wollte wieder mitspielen. Vorhang auf!

Ehrlich gesagt, fällt es mir ein wenig schwer, das aufzuschreiben, was sich im Folgenden abspielte. Weil ich so lachen muss bei der Erinnerung daran, dass ich kaum tippen kann. Ich versuche, es mal kurz zu machen: Es gab Sonderwünsche. Und das nicht zu knapp. Es ist möglich, auf Allergien usw. Rücksicht zu nehmen, natürlich. Wenn jemand eine Nussallergie hat, soll seine Meditationsarbeit nicht durch die Sorge gestört werden, dass er beim Essen sterben könnte. Wenn aber Menschen kommen, die einfach dies nicht wollen und das nicht und meinen, ein kostenloser Vipassana-Kurs könnte mit einem Fünf-Sterne-Hotel gleichgesetzt werden, dann ist eigentlich bei der Registrierung Schluss.

Ich erlaube mir in diesem Zusammenhang, an meinen Versuch zu erinnern, mir in Frankreich selber Brot mitzubringen. Da hatte ich noch nicht mal darum gebeten, mir was extra zu kochen, sondern einfach meine Mandelmilch und das Brot auf den Tisch zu legen. Ich wäre auch bereit gewesen, mehr mitzubringen und mit anderen zu teilen. Aber nein, abgelehnt. Reiswaffeln, elf Tage lang. Wir wissen ja, wie es half, meinen Geist zu schulen. ☺

Jetzt aber wurde ich mit einer Frau konfrontiert, die wahrlich besessen von ihren Essensvorlieben schien, die meinen irgendwie auffällig glichen. Allerdings bekam sie kein Nein von der Lehrerin. Und wir keine Erklärung. Denn wenn jemand allergisch ist, muss die Küche das ja wissen. Stattdessen gab es für sie zwei riesige Plastiktüten voll mit Essen: glutenfreies Brot, Mandelmilch, Kokosjoghurt, Datteln (damit es immer auch einen Nachtisch gab), vegane Margarine und all dieser Dinge mehr. Ich konnte es nicht fassen! Hallo?! Ich meine, ich vertrage das andere Zeug ja auch nicht, o.k., aber ich, ICH durfte das in Frankreich nicht, und in Deutschland hatten sie auch Nein gesagt! Jetzt stand ich hier am Ende der Welt, und man ließ das der Teilnehmerin durchgehen! Noch besser fand ich ja, dass sie sogar den Wunsch äußerte, dass man ihr immer zwei Datteln rauslegen sollte, und sie wollte, dass sie die Mandelmilch warm serviert bekommt, aber nicht heiß usw. Inneres MEGA-Ausflipping meinerseits, ich sag's dir!

Abgesehen davon gab es noch eine weitere Teilnehmerin, für die extra gekocht werden musste. Die war aber, so stellte sich heraus, wirklich ernsthaft krank, also alles nachvollziehbar. Aber die Mandelmilch leicht erwärmt zum Frühstück, mittags aber die Milch kalt zum Essen? Irre. Vielleicht ist es an dieser Stelle auch mal interessant zu erwähnen, dass mir auffiel, dass diese Essensausnahmen, fünf an der Zahl (was in einer Küche viel Extraarbeit bedeutet, in der zeitlich alles präzise durchgetaktet ist und für einhundert Leute in Megatöpfen gekocht und Gemüse ohne Ende geschnitten wird), allesamt auf weiblicher Seite zu finden waren. Das ist sicher nicht repräsentativ, aber Männermägen scheinen durchaus robuster zu sein als die von uns Frauen.

Erst schien es so, als sei ich aus der Nummer raus und müsse mich nicht mit den Sonderwünschen beschäftigen, denn meine österreichische Kollegin, die ich hier mal Elsa nenne, meldete sich freiwillig für »special food«. Allerdings war sie damit etwas überfordert, weil es einfach so viele Spezialwünsche waren, und sie auch mit glutenfreien und veganen Gerichten nicht so vertraut war wie ich. Es dauerte also nicht lange, bis ich die Helferin von

Elsa wurde und damit konfrontiert war, mit dem, was die Essensspezialistin morgens, mittags und abends der Küche ausrichten ließ. Ich kochte innerlich, während im Außen die Töpfe brodelten. Konnte jemand der Meckerliese nicht mal die Leviten lesen, hallo? Ich meine, ich hatte so vorbildlich meine Lektion in Frankreich gelernt, und schau, wie gut es mir getan hatte, mich in Demut und Dankbarkeit zu üben! Das hier war Vipassana, und da muss man das lernen! So!

Wie du also sehen kannst, wurde mir nicht langweilig in den Tagen, die um 4.00 Uhr begannen und mich ordentlich ins Schwitzen brachten, denn es war teilweise körperlich anstrengende Arbeit, und die für uns Helfer erst gegen 22.00 Uhr endeten, weil wir nach dem offiziellen Tagesende der Kursteilnehmer immer eine Sondersitzung hatten. Wir bekamen eine gesonderte Ansprache und Meditation, wenn die Schüler entlassen und alle ihre Fragen beantwortet waren. Ich empfand das als völlig normal, dass wir alle friedlich, harmonisch und fröhlich miteinander arbeiteten, allerdings scheint das nicht immer der Fall zu sein. Der Lehrer war jedenfalls immer sehr zufrieden, dass er auf seine Frage, wie es in der Küche so laufe, immer nur »good« zu hören bekam.

Die Lehrerin bei diesem Vipassana-Kurs hatte dieses Mal etwas an sich, das mich anpiekste. Sie schien mir zu schwach zu sein, ich wollte, dass sie bei den Schülerinnen härter durchgreifen würde. Sie maßregelte Verstöße im Meditationssaal nicht hart genug, sie ließ der Essenshysterikerin alles durchgehen, sie nickte einfach alles und jeden ab. Das war so einfach nicht richtig! Zumindest kam mein Ego zu diesem glasklaren Ergebnis. Bis es mir irgendwann dämmerte, dass ich mich ja mal damit beschäftigen könnte, worum es dabei für mich ging. Das folgende Erlebnis ist ein sehr schönes Beispiel dafür, wie die Egoillusion fällt. Möge die Beschreibung meines Erlebnisses dazu dienen, dass du solche Egostürme vielleicht besser in dir erkennen kannst!

Wen wundert's, die Essenshysterikerin (ich belasse es jetzt mal bei dieser Bezeichnung für das Buch hier) kam jeden, ungelogen, jeden Abend nach Kursende vorbei, um der Lehrerin eine Frage zu stellen. Mein Gott, wie sehr erkannte ich darin mein altes Drama-Ich wieder. Mir war völlig klar, dass diese Frau wirklich glaubte, dass sie dringend diese und jene Antwort noch bräuchte. Ich weiß, dass man das in seinem Drama denkt. Man kommt nicht auf die Idee, dass man in Wahrheit nach Aufmerksamkeit giert. Das ist einfach so. Da ich dieses Mal aber am Rande saß und ohnehin schon bei dem ganzen Sondergedöns, das wir in der Küche wegen ihr leisten mussten, einen Vogel kriegte, hoffte ich jeden Abend wieder, dass die Lehrerin hier das Gleiche tun würde wie die Lehrerin damals in Thailand: kurz und bündig den Sachverhalt klären und dann dafür sorgen, dass sie sich um das Wesentliche kümmerte: ihr Inneres. Ich hatte das in Thailand auch lernen müssen, verstehst du? Mann! Stattdessen sah ich einer butterweichen Lehrerin dabei zu, wie sie minutenlang die überflüssigen Fragen der Essenshysterikerin abhandelte, nur damit die das bekam, wonach sie in jeder Minute gierte: Aufmerksamkeit.

Es war wohl Tag 5, als ich sehr nah bei der Essenshysterikerin saß, als diese sich wieder vorne vor die Lehrerin setzte, um irgendeine völlig überflüssige Frage zu stellen. Mein genervtes Ego SCHRIE in meinem Kopf: »Du bist einfach unmöglich! Du solltest nicht so viel Aufmerksamkeit von den anderen fordern!« Da geschah das, was ich immer den Geist von Vipassana nenne: Die Stimme der Wahrheit war mit einem Mal klarer und lauter als die Stimme des Egos in meinem Kopf. Sie sagte: »Ich sollte mir mehr Aufmerksamkeit schenken als ihr.« Mit einem Mal durchströmte mich eine Welle des Friedens. Ja, Himmel, was hatte ich da tagelang gemacht? Ich klagte innerlich eine andere Frau an, weil sie nach Aufmerksamkeit gierte, und was tat ich? Ich gab ihr alle Aufmerksamkeit der Welt! Hast du eine Ahnung, wie viele Stunden am Tag sie bei mir präsent war, und das, ohne dass wir ein Wort gewechselt hätten?
Na ja, ganz so stimmt das nicht, denn am Tag 3 hatte sie mich flüsternd am Essensbuffet angesprochen, weil es keine Soße zum Reis gab. Auf dem Tisch standen Auf-

striche, eine riesige Schüssel mit frischem Salat, Dressing, ihr Brot, ihre Milch (kalte Milch, weil es ja mittags war) – es gab also keinen Grund, zu hungern! Du kannst dir vorstellen, wie ich implodierte, als der Küchenchef tatsächlich dann anordnete, für sie noch schnell eine Extrasoße zu kochen. Von der sie dann gerade mal einen Löffel aß (anscheinend nicht ihr Geschmack), sodass eine Menge übrig blieb. Die Reste landeten letztlich in der Mülltonne, weil sie sie in den nächsten Tage auch nicht mehr aß.

Ich erzähle dir das alles lang und breit, weil es mich lang und breit beschäftigte. Und so war der Frieden unermesslich, als mir klar wurde, dass Menschen tun oder lassen können, was sie wollen: Solange ich das Spiel nicht mitspiele, spielt es keine Rolle. Ich schloss die Augen, kümmerte mich fortan weder um sie noch um die »schwache« Lehrerin, sondern überließ die beiden ihrem Schicksal, während ich in der Teilnehmerfragerunde einfach die Augen vollständig geschlossen hielt und Vipassana praktizierte, bis nur noch die Helfer und Lehrer im Saal waren.

Jemand anderen dafür zu kritisieren, dass er sich immer in den Mittelpunkt stellt, bedeutet, ihm oder ihr genau das zu geben, wonach gelechzt wird. Jeder Gedanke, jedes Wort, das über diesen Menschen gesprochen wird, nährt seine Sucht danach, im Energiezentrum anderer zu stehen. Wenn mich das stört oder ärgert, sind nicht Lästern oder Zorn die Lösung, sondern mit der Aufmerksamkeit bei mir selbst zu bleiben.

So einfach ist das Leben.

Und Friede ward auf Erden.

In den kommenden Tagen bereitete ich Sondermahlzeiten mit großer innerer Ruhe vor. Ich legte auch meine Strenge ab, mit der ich bis dahin versucht hatte, zu verlangen, dass andere, die die gleichen alten Muster wie ich haben, genauso lernen müssten wie ich, dass es so nicht ginge. Ich hatte die gleiche Schule für alle erwartet und das im gleichen Tempo. Witzig, dass ich genau deshalb – bzw. unter anderem deshalb – den staatlichen Schuldienst verlassen hatte, weil ich der Meinung war, dass Kinder so nicht lernen können, allenfalls ein Bruchteil von ihnen, zu dem diese Schulform zufällig passt. Obwohl ich also dem staatlichen Schulsystem den Rücken gekehrt hatte, erwartete ich innerlich noch, dass die Schule des Universums alle gleichbehandeln sollte. Was ein anderes Thema von mir widerspiegelte, nämlich, dass ich schon immer härter rangenommen, dass von mir mehr verlangt werden würde als von anderen. Tatsächlich kommt es mir bis heute immer noch so vor. Aus irgendeinem Grund legen Menschen bei mir häufig andere Maßstäbe an. Aber wer könnte es ihnen verdenken? Ich selber lege an mich ja auch andere Maßstäbe an. Wenn du wüsstest, was ich alles von mir erwarte, du würdest vermutlich schallend lachen oder entsetzt »Entspann dich!« rufen. Komisch nur, dass andere mich dann so behandeln, wie ich es innerlich selbst tue, nicht wahr?

Ich hatte nicht erwartet, dass ich während des wirklich anstrengenden Küchendienstes so viel zum Meditieren kommen würde. Dies war unserer hohen Effektivität geschuldet. Ich konnte sogar einen ganzen Tag lang von morgens bis abends am Kurs teilnehmen – ohne Küchenarbeit. Ein Tag, an dem sich viel bei mir bewegte.

Wenn ein Helfer selbst einen inneren Prozess durchlief, so durfte er das nicht nur, sondern er sollte das dem Küchenchef melden, damit darauf Rücksicht genommen werden konnte. Mir selbst ging es einmal so, dass ich einfach raus musste. Sofort gab man mir grünes Licht, und die Gemeinschaft fing mein Arbeitspensum auf. Das war sehr schön zu erleben. Wie gesagt, eine tolle Truppe, die da beisammen war.

So vergingen die Tage mit viel körperlicher Arbeit, tiefer Meditation und innerer Klärung. Am Ende aber geschah noch etwas, was mich selbst überraschte. Vipassana-Kurse sind eben erst vorbei, wenn sie vorbei sind.

Wir putzten gerade zum letzten Mal die Küche, als unsere kleine, temperamentvolle Russin, die wir hier mal Elena nennen, nach draußen rauschte. Elena hatte etwas ganz Besonderes an sich. Körperlich war sie recht klein gewachsen, aber ihr Charakter war sehr … ausgeprägt. Noch sehr jung, gerade mal 23 Jahre alt, erzählte sie vom Drama des Älterwerdens. Sie war bereits im sechsten Ehejahr, da sie aus Protest gleich an ihrem 18. Geburtstag geheiratet hatte. Ob die Ehe für immer halten würde, wusste sie nicht, aber so weit lief es gut. Wenn sie über ihre Schwiegerfamilie sprach, schwoll ihr der Kamm, und sie versuchte, sich dabei so gewählt wie nur möglich auszudrücken. Man merkte aber, wie schwer es ihr fiel. Jedenfalls war sie ebenso gutherzig wie leidenschaftlich, und so kam es, dass sie auch das eine oder andere Mal etwas naiv und auch schusselig in der Küche war. Insgesamt aber ein Wesen, das man mögen muss, weil sie ebenso geradeheraus, unverblümt und erfrischend war, wie es oft nur Kinder sind.

Während ich an allen anderen Tagen Elena immer wieder mal lächelnd auf ihre Fehler hingewiesen hatte, in der Hoffnung, sie würde etwas achtsamer werden, geschah am letzten Tag das für mich kleine, große Wunder. Während sie ungestüm und einmal mehr sehr unachtsam die Küche verließ, stieß sie, ohne es zu merken, den großen Putzeimer um. Sie rauschte aus der Küche, während sich das Wasser über den gesamten Küchenboden ergoss. Vier Leute waren nun schnell, schnell damit beschäftigt, die Fluten einzudämmen. Ungewöhnlicherweise hatte ich keinen Impuls, zu den anderen zu sagen: »Das war Elena«, um dabei mitwisserisch zu grinsen. Ich putzte einfach und schwieg dabei.

Dann aber kam sie zurück in die Küche und sah die Schweinerei auf dem Boden, die wir gerade im Begriff waren, zu beheben. »Whoot chappent?«,[29] fragte sie irritiert und mit ihrem niedlichen russischen Akzent. Normalerweise hätte ich in all meinen Lebensjahren zuvor, an jedem anderen Tag meines bisherigen Daseins gesagt: »Du hast den Putzeimer umgestoßen, und jetzt ist die Küche überflutet.« Und das größtenteils sachlich, aber doch mit einem Unterton, der besagte: »Und das ist deine Schuld, weil du nicht aufgepasst hast, darum müssen wir hier Extraarbeit machen!« Dieser Teil in mir, der sagte: »Ist nicht schlimm, aber du sollst wenigstens ein schlechtes Gewissen haben, damit du daraus lernst!« Stattdessen war ein völlig anderes Gefühl in mir. Es ist schwer, das zu beschreiben. Ich sagte nicht, was ich sonst gesagt hätte, sondern: »Nothing, don't worry«[30], und tatsächlich meinte ich auch genau das! Ich war von einer Welle des Mitgefühls geflutet! Ich wollte in jeder Faser meines Körpers, dass sie sich keine Sorgen machte. Wenn sie wüsste, dass es ihre Schuld gewesen war, hätte sie sich wirklich schuldig gefühlt, und das wollte ich auf keinen Fall. Sie sollte unbekümmert und fröhlich sein, das wünschte ich mir für sie in diesem Moment.

---

29 »What happend?« (engl.: »Was ist passiert?«) Den Satz habe ich so geschrieben, damit der russische Akzent deutlich wird.
30 engl.: »Nichts, mach dir keine Sorgen.«

Wenn man das hier so liest, klingt das sicherlich banal. Nett, höflich, freundlich, ja. Aber wieso war das so besonders? Weil ich für einen Moment in meinem Leben nur aus Liebe bestand. Ich konnte einen kleinen Blick auf das innere Paradies erhaschen, wie es sich anfühlt, wirklich zu lieben. Und es war unbeschreiblich. Für andere nur das Beste zu wollen, und zwar aufrichtig, ohne Hintergedanken, ist ein unbeschreibliches Gefühl. Da ist kein Platz für »Ich will« und »Ich weiß, aber«. Da ist einfach nur: »Ich will, dass es dir gut geht«, und das geht, weil ich in diesem Moment schon alles habe, was ich brauche. Nämlich echte Liebe in mir.

Wir reden hier nur von einem Bruchteil an menschlicher Zeit. Doch dieses Gefühl war dermaßen erhebend, im besten Sinne berauschend, dass ich wusste: Wenn mir zwölf Tage schwere Arbeit, körperlich wie geistig, dieses innere Erleben beschert hatten, war es das jede Sekunde wert gewesen. Und ich weiß seither, nicht aus Büchern, sondern aus Erfahrung, dass es sich lohnt, danach zu streben, so zu fühlen, so zu denken und so zu handeln.

Wenn du meinen Film über Dhamma Medini sehen magst, findest du ihn auf Youtube unter dem Titel: »Vipassana service at Dhamma Medini Kaukapaka New Zealand – Be happy!« (auf English)[31]. Selbstverständlich durfte ich nur vor und nach dem Kurs sowie mit Erlaubnis der Leitung dort filmen.

---

31 www.youtube.com/watch?v=ZpjcXgMj4f0 (letzter Zugriff: 16.10.2017).

Vipassana Nr. 5

Dhamma Pataka, Südafrika: Ein Nein und ein Ja oder: Wie ich wegen Vipassana Nr. 3 Vipassana Nr. 5 opferte

Eigentlich hatte mein »One Year Vipassana«-Plan den nächsten Kurs in Schweden vorgesehen. Während meines Aufenthaltes in Neuseeland aber war etwas Seltsames passiert: Der Flug war gestrichen worden. Mir wurde noch nie zuvor Monate im Voraus ein Flug gestrichen. Ohne lange zu überlegen, verstand ich, dass ich das alles viel zu sehr aus dem Kopf heraus geplant hatte. Vipassana musste man nicht spektakulär auf fünf Kontinenten praktizieren, es war eine innere Sache. Zumal ich es immer noch nicht hinbekam (bis dato nicht), die von Goenka vorgeschlagenen zwei Stunden am Tag (eine morgens, eine abends) Vipassana zu praktizieren. Meine nächste Reise, die ich gebucht hatte, war die nach Südafrika im Juli.

Die Reise trat ich auch an, nur, sagen wir mal, leicht abgewandelt. Meine Teamkollegin Ines, die in Namibia aufgewachsen war, war zur gleichen Zeit im südlichen Afrika unterwegs wie ich. Als wir das feststellten, ging es einfach nicht anders, und aus purer Freude heraus änderte ich meine Pläne: Anstatt von Johannesburg (dort wollte ich einen Freund besuchen) nach Kapstadt über den Landweg zu reisen, würde ich nun von dort aus nach Windhoek fliegen und von Windhoek nach Kapstadt, um dort dann zum Vipassana-Kurs zu gehen. Irgendwie eine verrückte Strecke in so kurzer Zeit, aber schön. Zumal man in Südafrika nicht vom Jetlag geplagt wird, da dort die gleiche Zeitzone herrscht wie bei uns.

Dann stellte sich aber heraus, dass an meinem ersten geplanten Vipassana-Wochenende in Deutschland ein großartiges Event von meiner Network Marketing Company stattfinden würde. Da ich der felsenfesten Überzeugung war, dass man zu dieser Veranstaltung hingehen sollte, um etwas zu lernen, konnte ich schlecht andere davon begeistern, wenn ich selbst abwesend wäre. Ich hatte schon lange verstanden, dass Lernen nicht das ist, was in der Schule als Lernen verkauft wird. Lernen ist Imitation. Menschen orientieren sich an Vorbildern, nicht an Vorschriften. Ich steckte also in einer Zwickmühle, beides – das Event und der Vipassana-Kurs – würde nicht gehen.

Lange Rede, kurzer Sinn: Ich flog nach Südafrika und Namibia, arbeitete dort fast die gesamte Zeit über (und das mit viel Spaß und Freude und auch Erfolg) und kam dann, just in time, zurück, um mit meinen Teammitgliedern an dem Event teilzunehmen.

Ich dachte lange darüber nach. Hatte ich die Chance auf inneres Wachstum zugunsten von etwas »Materiellem« vertan? Ich fühlte mich aber im Reinen damit. Vipassana-Kurs Nr. 3 hatte die Unternehmerin und Teamleaderin aus mir herausgekitzelt. Jetzt lagen beide Rollen frei und offen da, und ich lebte sie mit so viel Enthusiasmus und Begeisterung, dass es mir nicht schwerfiel, meine unternehmerischen Ziele dieses Mal überzuordnen. Das wiederum sagte nichts über zukünftige Entscheidungen aus. Ich hatte mich ganz sicher nicht vor dem Kurs gedrückt, wo ich wieder Helferin hatte sein wollen. Ich hatte mich dieses Mal nur einfach für etwas anderes entschieden.

Außerdem war ich angekommen. Ich hatte es vor Neuseeland gespürt, und dort war es dann klar gewesen: Die Jahre, in denen ich weit, weit weg von zu Hause sein wollte, waren vorbei. Ich musste nicht mehr in die Ferne flüchten, ich wollte vielmehr endlich örtlich ankommen. Bis heute habe ich diesen einen Ort noch nicht gefunden. Natürlich kann man einwenden, dass man in sich zu Hause sein muss, und der Rest ist egal. Ganz egal finde ich diesen Rest aber nicht. Es gibt Orte, die mir mehr entsprechen als andere. Und im Zuge meiner großen inneren Veränderungen sehne ich mich auch nach einem anderen Wohnraum. Ich habe aber, nach viel anfänglicher Ungeduld auch hier Ruhe einkehren lassen. Der Ort wird mich finden oder ich ihn. Es wird ganz sicher einer der schönsten Tage meines Lebens sein, wenn ich ihn dann gefunden und mich dort niedergelassen habe, für wie lange auch immer. Bis dahin verweile ich mit mir. Und akzeptiere, dass es ist, wie es ist, so gut mir das auch immer möglich ist. Eine echte Vipassana-Schülerin weiß, dass der eigentliche Lehrmeister das Leben selbst ist. Es braucht keinen Kursraum, um dich zu lehren. Es lehrt dich in jedem Moment, überall, wenn du nur bereit bist, seinen Lektionen zu lauschen.

Und nun?

Ich bin eine Reisende, im Innen wie im Außen. Das habe ich lange über mich geschrieben. Es stimmt immer noch und doch auch nicht mehr so sehr. Nach wie vor suche ich meinen Platz. Immerhin suche ich jedoch danach bzw. habe ich mich für ein Michniederlassen geöffnet. Vor den Gespenstern meiner Vergangenheit laufe ich nicht mehr davon. Wie könnte ich, sie wohnen in meinem Geist, den ich überall bei mir habe, wo auch immer ich hingehe. Lösen kann ich das nur, wenn ich mich setze und zur stillen Beobachterin werde, die sich in Gleichmut den Wellen des Schmerzes stellt. Und sich hingibt.

Mit Vipassana ist es ein wenig wie beim Fußball: Nach dem Kurs ist vor dem Kurs. Allerdings weniger dramatisch und nicht nach straffem Zeitplan. So sehr sich mein Ego auch vor dem ersten Kurs gewehrt hatte, so sehr spürte ich auch, dass ich daran teilnehmen musste, im besten Sinne. Einmal diese Hürde überwunden, ist es mir zu einem Werkzeug geworden, das ich nicht mehr missen möchte. Ja, ich hatte Vipassana schon praktiziert, bevor ich es »gelernt« hatte. Die Art und Weise, den eigenen Geist zu reinigen und damit auch das eigene Leben in der Außenwelt, ist ebenso unvergleichlich gut und effektiv wie auch simpel.

Doch gilt auch hier die alte Weisheit: Die einfachsten Dinge sind oft die schwersten. Du willst abnehmen? Lass Zucker und schlechte Fette weg, und beweg dich mehr. So einfach ist das. So einfach? Ach, was sind wir gefangen in unseren Mustern, zu denen auch und in einem nicht zu unterschätzenden Maße Essensmuster gehören. Das ist aber ein anderes Thema. Jedenfalls erstaunt es mich immer wieder, wie ich spielend zehn Tage lang mit zwei Mahlzeiten und ohne Süßkram auskomme, wie gut das meinem Körper tut und wie schnell ich dann wieder umschalte, sobald der Kursrahmen mich nicht mehr dazu zwingt.

So ist es die eigene Disziplin, die wir brauchen, um Vipassana wirklich zu einem integrierten Teil unseres Lebens werden zu lassen. Ich bin insofern keine gute alte Schülerin[32], als dass ich immer noch nicht auf meinen Lehrer höre und eine Stunde morgens und eine Stunde abends praktiziere. Dafür bin ich sicherlich eine Fortgeschrittene, wenn es darum geht, außerhalb dieses Rahmens mit offenen Augen und in Interaktion Vipassana zu praktizieren.

Solltest du nach dieser offenen Innenschau in meinen Geist jetzt vielleicht denken, dass ich ein wirklich abscheulicher Mensch sein muss, dann lächle ich, wohl wissend, dass ich alles andere als ein Scheusal bin. Ich kenne meine dunklen Seiten nur um ein Vielfaches besser als der Durchschnitt der Bevölkerung. Eine Meisterin im klassischen Sinne bin ich wohl noch nicht – oder vielleicht doch, wer mag das schon beurteilen. Ich weiß aber, dass wir nur dann heilen und vollständig werden, wenn wir um diese Schatten und Dämonen in uns wissen und aufhören, uns dafür zu verurteilen, sondern sie als Teil des großen Ganzen sehen. Philosophisch betrachtet könnte man sagen: Wer hätte den Teufel erschaffen, wenn nicht Gott?

---

32 »Alte Schüler« werden die Menschen genannt, die schon einen Zehn-Tage-Kurs vollständig absolviert haben.

Zu oft schon habe ich erkannt, dass es so etwas wie eine »schlechte« Eigenschaft nicht gibt. Jede, absolut jede Eigenschaft hat eine »gute« wie auch »schlechte« Seite. Anstelle von dem Begriff »schlechte Eigenschaften« habe ich mich in meinem Buch »Meine 26 Egos und ich« für »Verzerrung« entschieden und im Grunde erst Jahre später erkannt, wie treffend diese Formulierung doch ist. Aggression wird so oft als etwas Schlechtes angesehen. Wir denken dabei an Hooligans, die andere schlagen, oder an bösartige verbale Attacken, die verletzen. Dabei ist Aggression eine Urkraft, die ich beispielsweise nicht missen möchte, wenn ich ernsthaft in Gefahr bin und mein Ja zum Leben eine unbändige Kraft braucht, um Dinge zu bewegen und meine Muskeln bis auf das Äußerste zu nutzen. Ja, auch das mag alles Illusion sein. Doch wer nicht mehr am Leben hängt, hat seine Arbeit auf Erden entweder wirklich schon getan und erkennt sich als Geist statt als Körper, oder aber er hat sich innerlich aufgegeben, was aber nicht einer wahren Transformation entspricht.

Ich bin ein Mensch, der früh gelernt hat, dass man seine Aggressionen besser unterdrücken sollte, »um des lieben Friedens willen«. Heute arbeite ich nach wie vor daran, meine natürliche, gesunde Aggression wieder zuzulassen. Sie hilft mir, klar Nein zu sagen, Grenzen zu ziehen und für mich einzustehen. Das ist etwas völlig anderes, als andere zu verletzen. Wenn das Nein zu einem anderen ein Ja zu sich selbst bedeutet, ist das niemals verletzend, sondern sehr heilsam. Natürlich kann man dann im nächsten Schritt sagen: Es gibt weder ein Ich noch ein Du.

Aber ganz ehrlich: Ich habe es langsam satt, mich mit diesen theoretischen und frommen Sprüchen zu schmücken. Mich interessiert, ob jemand das lebt, was er predigt, oder nicht. Daran messe ich »Erleuchtung«, nicht daran, ob jemand Eckhard Tolle oder »Gespräche mit Gott« rauf- und runterbeten kann. Ich bin ein Mensch mit sehr vielen inneren Erfahrungen. Meine Intuition ist ausgesprochen gut. Erfolgsentscheidend ist aber nicht ihre Qualität, sondern die Quantität, in der ich auf sie höre. So what? Es ist egal. Es ist egal, wie heilig oder unheilig ich bin. Die Frage ist: Wie sehr gelingt es mir, die scheinbar paradoxe Balance zwischen der absoluten Akzeptanz dessen, was ist, und dem klaren Wunsch nach Wachstum, Entfaltung und Zielverwirklichung zu leben? Etwas zu akzeptieren, heißt nicht, zu resignieren. Es heißt nicht, keine Ziele für die Zukunft zu haben. Viele missverstehen das. Sie meinen, ein Dahindümpeln mit »Ist schon o.k.« wäre das, worum es geht. Oh nein, zumindest nicht, wenn man seinen Geist schöpferisch einsetzen möchte. Und sei es nur um der Erfahrung willen.

Ich muss manchmal lachen, wenn ich auf Facebook lese: »Früher habe ich auch noch andere verurteilt, aber heute weiß ich es besser.« Dann denke ich schmunzelnd bei mir: »Kann sein. Dann gratuliere ich. Ich kann das noch nicht. Und wenn du mir eine Stunde, ach, eine Minute Zeit mit deinen Gedanken geben würdest, könnte ich dir zeigen, dass du es auch noch nicht kannst.« Wer zehn Tage mal die Augen geschlossen und kein Smartphone in der Hand hatte, um sich abzulenken, der weiß, was ich meine.

Vipassana holt dich dort ab, wo du bist. Wenn du noch sehr in deiner Dramaqueen verstrickt bist, wirst du deinen ersten Kurs in einem Zentrum mit einer sehr toleranten Lehrerin machen, die mehr erlaubt als andere Lehrer. Brauchst du eine klare Lektion, wird dir auch das begegnen. Unterwirfst du dich für die volle Zeit den Regeln, wird es intensiver werden, als wenn du mit einer entspannten Haltung hingehst à la »Zehn Tage Urlaub, ihr könnt mich alle mal!«. Es ist aber egal, denn du wirst immer das bekommen, was du brauchst, ob du das nun in dem Moment verstehst oder nicht. Manchmal tut das weh, manchmal möchtest du schreien. Aber schreit nicht auch das Kind vor Protest und in dem Gefühl, dass man seinen Willen bricht, wenn man seine Hand wegreißt, bevor diese die heiße Herdplatte berührt? Und ist es nicht doch richtig vom Erwachsenen, hier zu handeln? Oder würdest du ein Kind auf die Straße laufen lassen, wenn du siehst, dass ein Auto kommt? Nach dem Motto: »Alles, was geschieht, geschieht so, wie es soll«, und würdest du dann zusehen, wie sein Leben »aus Schicksalsgründen« endet? Nein, das würdest du nicht, wenn du einen Funken Instinkt hast, der dich das Kind an seiner Kapuze packen lässt, bevor es dich anbrüllt: »Lass mich los!«, und das Auto ohne weitere Konsequenzen vorbeifährt.

So ist für mich Gott. Das Universum. Das Leben. Mir ist der Name so was von egal. Früher konnte ich das Wort »Gott« nicht mal benutzen, weil es mir zu behaftet war. Heute sage ich für mich einfach Gott, weil ich weiß, was ich meine. Und wenn ich mit jemand anders über Gott ein Gespräch führe, bitte ich zu Beginn immer darum, kurz zu erklären, was er oder sie unter Gott versteht. Sonst redet man gerne aneinander vorbei. Ich finde, den Begriff »Gott« kann man nicht oft genug definieren. Wie viel friedlicher wäre wohl die Welt, wenn Menschen einfach zu Gesprächsbeginn mal fragen würden: »Was verstehst du unter diesem Wort?«, anstatt sich zu streiten und zu meckern, weil jeder natürlich weiß, dass er recht hat und das Richtige meint.

Vipassana kennt keine Religion. Es wird von christlichen Nonnen, buddhistischen Mönchen, Hindus, Moslems und Konfessionslosen praktiziert, kurzum: von Menschen. Die Tradition ist buddhistisch, aber die Gesetze sind so universell, dass ihnen im Grunde keine Religion widersprechen kann. Welche Religion hat schon etwas gegen Mitgefühl und universelle Liebe einzuwenden? Theoretisch, versteht sich.

Vielleicht werde ich nie die beste Vipassana-Schülerin sein. Und? Wen juckt's? Ich muss nicht länger immer Klassenbeste sein. Ich trage tiefe Dankbarkeit für diese Meditation in meinem Herzen und bringe mit diesem Buch hier das zu Ende, was ich vor langer Zeit in meinem Inneren gelobt habe: Ich werde meinen Teil dazu beitragen, dass Vipassana nach S. N. Goenka bei uns noch bekannter wird. Es ist sicher nicht für jeden was. Aber jeder sollte davon wissen. Denn das Wissen um Vipassana ist ein Samen, der in deinem Geist gesät wird, um die Chance zu haben, eines Tages aufzugehen. Ich selber habe lange gebraucht, um meine Teilnahme nicht zu sabotieren. Einmal in den Genuss dieser zehn Tage gekommen, wird man sich schwerlich davon abhalten können, immer wieder daran teilzunehmen und im Alltag davon zu profitieren. Wenn du noch zweifelst, ob du das auch schaffst, dann frage ich dich, was du lieber möchtest in deinem Leben:

Einmal Schmerz oder immer Schmerz?

Zehn Tage deines gewohnten Lebens für die Teilnahme zu geben, mag erst sehr schmerzvoll erscheinen. Zu verlockend sind die griechischen Inseln mit ihrem All-inclusive-Angebot, die doch viel angenehmer wären, um die wenigen Urlaubstage zu verbringen. Doch Vipassana kostet dich nichts, schon gar keine Zeit. Vipassana schenkt dir unvergleichlich viel. Diese zehn Tage sind keine Kosten, sie sind eine Investition. Als Unternehmerin kenne ich den Unterschied sehr genau. Bist du nicht dazu bereit, dem eine Chance zu geben, und hältst du nicht durch, dann wirst du nie die Linderung deines Schmerzes erfahren, sondern ihn immer weiter mit dir herumtragen. Das wiederum kostet dich wirklich viel. Es kostet dich inneren Frieden, Erkenntnisse und das unnachahmliche Gefühl, den tiefsten innersten Schweinehund bezwungen zu haben. Das Ego mit all seinen Fallstricken. Der Gedanke »Das packe ich nicht!« ist zum Beispiel einer dieser Fallstricke, und er hat nichts mit der Wahrheit über dich zu tun. Also frage dich hier und jetzt:

Einmal Schmerz oder immer Schmerz?

Ich habe meine Wahl längst getroffen. Und sie trägt Früchte, saftige, süße Früchte, um die mich viele beneiden. Dieser Neid ist jedoch absolut sinnlos, da er nicht dem inneren Antrieb dient, diesen Weg ebenfalls zu gehen!

Daher wird es Zeit, dir abschließend noch ein paar Zähne zu ziehen.

UND WARUM SIE WERTLOS SIND

Seitdem ich das erste Mal an einem zehntägigen Vipassana-Kurs teilgenommen habe, berichte ich Menschen davon. Ich erwähne diese Kurse bei Vorträgen, hier und da in Büchern und/oder Artikeln und natürlich auch in persönlichen Gesprächen.

Dabei sind es immer die gleichen Antworten, die mir Leser, Kursteilnehmer und Gesprächspartner geben. Genau genommen sind es keine Antworten, denn ich stelle ja keine Frage. Ich zeige eine Möglichkeit auf, und dann kommen die Menschen entweder auf mich zu, um sich noch einmal die Internetadresse geben zu lassen (Hier ist sie: www.dhamma.org.) oder – und das ist viel häufiger der Fall – um sich scheinbar mir gegenüber zu rechtfertigen, warum sie das nicht machen können. Natürlich muss sich mir gegenüber niemand rechtfertigen. Sie erzählen mir das alles nur, um vor sich selber eine Rechtfertigung zu haben. Dabei sind die Klassiker an

Ausreden, kein Vipassana zu praktizieren, überall die gleichen:

1.) Ich kann mir so einen Kurs nicht leisten.

Das ist schnell entkräftet. Solltest du bis hierhin daran vermeintlich scheitern, so betone ich es noch mal: Alle Kurse von S. N. Goenka, weltweit, sind völlig kostenfrei. Nicht nur das: Auch die Unterkunft und das Essen bekommt man umsonst. Am Ende des Kurses, und auch nur, wenn man ihn komplett durchlaufen hat und somit ein »alter Schüler« ist, darf man spenden, damit künftig auch weitere Interessierte teilnehmen können. Andere haben also bereits für deine Kursteilnahme bezahlt. Wenn du kannst und wenn du möchtest, dann kannst auch du, deinem Budget entsprechend, dafür sorgen, dass andere in Zukunft teilnehmen können. Wenn du das nicht kannst oder möchtest, auch gut.

Was für die westliche Welt seltsam anmutet, funktioniert, und zwar hervorragend. Hier zeigt sich, wie die Theorie von »Gib, dann wird dir gegeben!« in der Praxis aussieht. Die Anzahl der Zentren wächst stetig, und einmal mehr zeigt sich, dass Goenkaji recht hat, wenn er sagt: »Dhamma works!«, Dhamma funktioniert. Wer dahinter Böses oder Unrechtes vermutet, dem kann ich nicht helfen. Der will die Welt so sehen, und dann darf er sie auch so sehen. Punkt.

2.) Ich habe nicht so viel Zeit.

Das tut mir sehr leid. Dann bist du entweder sehr, sehr krank und hast nicht mehr viel Zeit hier auf Erden, oder du hast ein Baby, das dich gerade wirklich braucht. Dann hast du wirklich momentan nicht die Möglichkeit, dich zwölf Tage auszuklinken, das verstehe ich, und das ist auch richtig so. Die gute Nachricht ist hier: Dein Baby wird von alleine wachsen, und schon bald wirst du dir die Zeit nehmen können. Ja, du wirst sie dir nehmen müssen. Deine Kinder werden dich vermutlich nicht freiwillig wegschicken, zumindest nicht, bevor sie 14 werden. Denk aber an meine französische Zimmernachbarin. Es war ihr sehr wichtig, und ich glaube ganz fest daran, dass es ihren Kindern sehr zugutekam, dass sie an Vipassana teilgenommen hatte. Zudem fördern erfahrungsgemäß solche Auszeiten den Respekt der Männer für die Leistungen der Frau im Alltag ganz enorm. Und wenn kein Papa da ist, der sich währenddessen um die Kinder kümmert, findet sich bestimmt eine andere gute Lösung.

Solltest du noch immer protestieren und sagen: »Du hast ja keine Ahnung von meiner Lage!«, dann pflichte ich dir bei. Die habe ich wirklich nicht. Darum kannst auch nur du qualifiziert entscheiden, ob du in der aktuellen Lebenssituation wirklich keine zwölf Tage weg kannst oder ob du dich dahinter versteckst und gar nicht erst aktiv nach einer Lösung suchst. Das gilt nicht nur, wenn man Elternteil ist, sondern ebenso, wenn man etwa die Eltern pflegt. Auch mit einer solchen Frau habe ich mich unterhalten. Sie hatte ihre Mutter lange gepflegt, und nach deren Ableben nahm sie sich dann die Zeit für Vipassana.

Ja, es gibt sie, diese Situationen, in denen wirklich kein Raum für so einen langen Kurs ist. Und doch ist es für viele die schnellste, einfachste Ausrede zu behaupten, sie hätten keine Zeit. Komisch nur, dass dann Zeit ist für Fernsehen. Für Ausschlafen. Für den Griechenlandurlaub. Für … Jeder darf für sich entscheiden, wie er seine Zeit verbringt. Aber hör auf, dir selbst zuliebe, immer zu behaupten, du hättest keine Zeit. Du führst dich damit selber in ein Mangeldenken.

3.) Das würde ich nie aushalten!

Hast du eine Ahnung, was der Mensch aushält und aushalten kann, wenn er muss? Wüsstest du, dass dein Leben davon abhängt, könntest du Dinge tun, die du heute nicht einmal ahnst.

Nun scheint Vipassana nicht gerade etwas zu sein, was lebensnotwendig ist. Stimmt. Zumindest nicht, wenn wir von Überleben reden. Sprechen wir aber von Lebensqualität, von der Möglichkeit, ein zufriedeneres, ausgeglicheneres, erfolgreicheres Leben zu führen, dann ist Vipassana sehr notwendig. Oder zumindest eine andere Methode, sich intensiv mit sich und seinem Innenleben auseinanderzusetzen und die Dinge in Ordnung zu bringen.

Du denkst, du würdest es nicht aushalten, zehn Tage lang mit keinem zu sprechen? Dann bist du redesüchtig. Willst du süchtig bleiben? Oder willst du lieber erfahren, wie großartig es sich anfühlt, mit dem eigenen Körper zu sprechen, ihm zuzuhören und mit sich selbst im Dialog und dann in der Stille zu sein?

Du denkst, du würdest es nicht aushalten, zehn Tage lang zu meditieren?
Dann läufst du vor deinen Gedanken davon, denen du niemals entkommen kannst, wie sehr du auch versuchst, dich abzulenken. Du bist wie ein Hamster im Hamsterrad, der versucht, vor dem Hamsterrad davonzulaufen.

Du denkst, die Welt würde es nicht aushalten, wenn du zehn Tage lang nicht erreichbar wärst? Träum weiter! Die Welt kommt prima ohne dich aus. Sie hat es vor deiner Geburt geschafft, und nach deinem Tod wird sie auch weiterlaufen. Das mag erschreckend klingen, aber hey: Vipassana kann dir dabei helfen, diese Selbstfixiertheit loszulassen. Und glaub mir: Es ist so viel entspannter, wenn man sich nicht mehr für den Nabel der Welt hält. ☺

Mag sein, dass du noch viele andere Gründe hast, es nicht zu tun. Ich will dir aber noch den einen Grund geben, den mir diejenigen nennen, die sehr selbst reflektiert sind:

»Ich habe total Schiss davor, zehn Tage mit mir und meinen Gedanken alleine zu sein.«

Das kommt der (vermeintlichen) Wahrheit am nächsten. Ich kenne diese Wahrheit, denn ich fühlte mich lange genau so. Darum »kam mir auch immer wieder was dazwischen«. Hast du schon einmal etwas dazwischenkommen lassen, wenn dir etwas wirklich wichtig war? In Indien hatte ich es wirklich versucht. Ich saß mit Magenkrämpfen in diesem Bus, fiebrig und gewillt, mich dadurch nicht aufhalten zu lassen. Letztlich gab ich nach. Und war wirklich zehn Tage heftig krank danach. Ich weiß nicht, was passiert wäre, hätte ich das damals durchgezogen. Vermutlich könnte ich dann heute einen Bericht über die schlimmste Busfahrt meines Lebens schreiben. (Das ist bislang eine Tour, die durch die ägyptische Wüste führte, sechs Stunden lang, mit Durchfall und ohne Toilette im Bus. Seither weiß ich, dass man Schmerzen rausschwitzen kann, irgendwie. Reisen bildet eben.) Oder aber ich hätte über das Wunder berichten können, das geschah, als ich mich nicht mehr aufhalten ließ. Ich weiß es nicht. Damals habe ich mich meinem Körper ergeben.

Alles, was ich dazu sagen kann, ist, dass ich am Tag der Abreise zum Vipassana-Kurs nach fünf Wochen zum allerersten Mal, aus mir immer noch unerfindlichen Gründen, nach einer Ketchupflasche gegriffen hatte. Das daraus resultierende Ergebnis ist bekannt. Bis auf dieses Ketchup hatte ich an diesem Tag nichts anderes gegessen, und das Essen vor Ort war ansonsten immer absolut tadellos. Bis dahin hatte ich auch nie eine Ketchupflasche gesehen. Ich bin mir aber sicher, dass die Bakterien, die mich lahmlegten, sich in dieser Flasche befanden. Und ich weiß genug über das Unterbewusstsein, um zu wissen, dass dieser Teil von mir genau wusste, was passieren würde, wenn ich dieses Ketchup essen würde. (Ich esse sehr selten Ketchup, was es umso kurioser macht.) Ich sabotierte mich also unbewusst selber und ergab mich meinem Schiss.

Ein halbes Jahr später aber hatte ich alles getan, absolut alles, um endlich an Vipassana teilnehmen zu können. Und so lag mir nicht mal mehr ein Kieselstein im Weg. Denn Schiss haben war einfach keine Option mehr.

Wer wirklich etwas will, findet Wege.
Wer nicht will, findet viele Gründe.

Unterschätze bei diesen »Gründen« auch niemals die Macht deines Unterbewusstseins! Es hilft dir dabei, sehr überzeugend sagen zu können: »Ich konnte ja wirklich nichts machen!«

Wenn du nun zu denen gehörst, die zu einem Vipassana-Kurs »Ja, ich will!« sagen, möchte ich dir gerne hier die wichtigsten Fragen kurz und knapp beantworten. Dem Suchenden soll ja geholfen werden. ☺

Für wen ist Vipassana (nicht) geeignet?

Es gibt sehr klare Vorgaben, wer nicht am Kurs teilnehmen sollte oder darf. <u>**Schwanger**</u> sein ist kein Problem, das vorweg. Es nehmen immer wieder Schwangere teil, und bei ihnen wird in Sachen Essen auch eine Ausnahme gemacht. Selbstverständlich dürfen Schwangere abends zusätzlich etwas essen. Das sollte individuell mit dem jeweiligen Zentrum abgesprochen werden.

Meine Freundin Andrea nahm im vierten Schwangerschaftsmonat teil. Sie war danach erstaunt, wie gut es ihr dabei ging, denn die Aussicht auf das wenige Essen hatte ihr psychisch vorher ein wenig Stress bereitet. Sie hätte zwar abends essen dürfen, meistens hatte sie das aber gar nicht in Anspruch genommen, denn obwohl sie daheim doppelt und dreifach aß, verspürte sie vor Ort sehr wenig Hunger. (Wer meditiert oder Yoga macht, kennt den Effekt vielleicht.)

Wenn du **Medikamente** nehmen musst, solltest du Rücksprache halten. Menschen, die sich in psychiatrischer Behandlung befinden, werden nicht zugelassen, denn eine stabile psychische Verfassung wird vorausgesetzt.

Das **Alter** spielt keine Rolle. Ich habe dort sehr junge Menschen gesehen und sehr alte.

Wenn du **Rückenprobleme** hast und wirklich (!) nicht auf dem Boden sitzen kannst, wird dir ein Stuhl angeboten, selbstverständlich. Bring dich aber nicht um so eine wunderbare Erfahrung, wie ich sie in Frankreich hatte! Dort hatte ich beschlossen, keine Memme mehr zu sein und mich zu Beginn dem schmerzenden Rücken zu stellen. So machte ich eine Erfahrung, die mich bis heute prägt: Als ich am vierten oder fünften Tag dachte, ich würde vor Schmerzen ausflippen, praktizierte ich einfach weiter Vipassana. Ich beobachtete den Schmerz, ohne ihn abzulehnen oder fortwünschen zu wollen. So erlebte ich dank der geistigen Disziplin das Wunder, Schmerzen zu haben, ohne sie als Schmerzen zu empfinden. Ich erlebte, wie es sich anfühlt, Schmerzen nicht mehr wegzuwünschen, sondern ihre Beobachterin zu sein, und ich fing an, völlig friedlich zu lächeln und mich an der interessanten Ästhetik von Schmerzen zu erfreuen.

Wer so etwas nicht erlebt hat, wird mich für bekloppt halten. Wer es schon erlebt hat, wird wissend lächeln und nicken. Jedenfalls nimmt einem so eine Erfahrung eine ordentliche Portion Angst vor Schmerzen, und ich weiß nun, warum dauerhaft Meditierende (also Mönche usw.) so einen großen Frieden in sich tragen. Aus dem Effeff könnte ich das jetzt nicht, da würde ich auch schreien, wenn mir einer mit dem Hammer auf den Zeh haut. Ich weiß aber, wie man seinen Geist disziplinieren kann, und das fühlt sich großartig an!

Bei allen anderen Fragen, die deine spezielle Situation betreffen, wende dich bitte an das Zentrum, an dessen Kurs du teilnehmen willst.

Wo finde ich die Adressen der Zentren?

Du findest sie, nach Kontinenten und Ländern sortiert, unter: www.dhamma.org.

Wie gesagt, hier geht es um die Zentren, die nach der Tradition von S. N. Goenka unterrichten. Vipassana kannst du aber noch an vielen weiteren Orten und auf ganz andere Art und Weise erlernen. Bleibe offen dafür, wo es dich hinzieht!

Wie melde ich mich an?

Du findest auf der Internetseite ein entsprechendes Anmeldeformular. Beachte bitte die langen Vorlaufzeiten. Je nach Land kann es schon mitunter ein halbes Jahr dauern, bis Plätze frei sind, Tendenz steigend.

Wie kann ich Dhamma-Service machen?

Dazu musst du selber mindestens einen Zehn-Tage-Kurs durchlaufen haben. Als alter Schüler bzw. als alte Schülerin bist du qualifiziert, Service zu geben. Du bewirbst dich einfach für einen Kurs und gibst im Teilnahmeformular an, ob du als Schüler kommst oder Service geben willst. Du erfährst dann per E-Mail, ob du genommen wurdest und ggf. alles Weitere.

Was mache ich bei Unverträglichkeiten?

Tja, das hat das Buch dir ja schon verraten. ☺ Solltest du wirklich Unverträglichkeiten haben, wende dich bitte an das jeweilige Zentrum. Es wird wirklich immer versucht, für dich die Teilnahme möglich zu machen. Dem sind aber auch natürliche Grenzen gesetzt. Auf eine voll ausgeprägte Zöliakie etwa ist die Küche natürlich nicht ausgerichtet. Kläre so etwas bitte im Voraus ab.

Gibt es Ausnahmen bei den strengen Regeln?

Ja, es gibt Ausnahmen beim Essen für Schwangere, wie zuvor beschrieben. Ansonsten meines Wissens nach nicht. Die Regeln sind ein wichtiger Teil, und die Erfahrung zeigt, dass sie ihre Berechtigung haben.

Wenn ich als Freiheitsjunkie das sage, kannst du mir das ruhig glauben. Denn wann würde ich mich schon sonst etwas »unterwerfen«? Richtig: niemals.

Muss ich für Vipassana Englisch können?

Nein, denn es gibt Zentren in Deutschland und in der Schweiz, wo es Kurse mit deutscher Übersetzung gibt. In allen anderen Ländern solltest du diese Sprache auf jeden Fall können, und zwar gutes Englisch, zumindest solltest du es gut verstehen können.

Wird da eine Guru-Verehrung betrieben?

Ich lache gerade wirklich, während ich die Frage beantworte! Bei Vipassana wird nichts und niemand verehrt. Da geht es weder um Buddha-Verehrung noch um Gott oder sonst eine menschliche Art der Verehrung. Im Gegenteil: Es geht darum, das für zehn Tage sein zu lassen. Und einfach bei dir selbst zu sein.

Goenka wird als Lehrer sicherlich geliebt und von manchen Menschen vielleicht auch verehrt. Er selber lehnt aber jede Form der Verehrung ab. Wenn du ihn mal in einem Video siehst und begreifst, was für ein kluger und auch lustiger Mann er ist, dann stellst du diese Frage gar nicht mehr. Ein Lehrer dieses Formats will nicht verehrt werden. Er will, dass seine Schüler ihre Ziele erreichen.

Kostet das wirklich alles nichts?

Yep. Für die Anreise musst du selber sorgen, aber ansonsten ist alles kostenfrei.

WIE MAN MÜLL
IN GOLD VERWANDELT

Veränderung ist die einzige Konstante im Universum. So gesehen habe ich ein sehr konstantes Leben.

Nicht jeder, der an Vipassana teilnimmt, wird so große Veränderung im Außen erfahren. Viele Prozesse sind still und leise und werden im Inneren ihre Wirkung entfalten. Manche nehmen auch ein paar Mal Teil, ohne überhaupt wirklich etwas zu merken. Die Erfahrungen durch Vipassana sind so unterschiedlich wie die Menschen, die sie machen. Es ist fast schon ein wenig gefährlich, von meinen Erfahrungen zu berichten. Weil die Gefahr besteht, dass du genau das Gleiche erleben willst. Und dann auf etwas wartest, anstatt dem Raum zu geben, was geschehen will. So eine Erwartungshaltung ist das Gegenteil von Vipassana und führt zu Frust und Enttäuschung.

Warum habe ich das Buch dann dennoch geschrieben? Ich »musste« es. Ein schönes Muss, denn es hat mich aus Dankbarkeit angetrieben. Nach der ersten Vipassana-

Erfahrung »musste« ich einen Artikel für ein Magazin darüber schreiben. Ich »musste« »Meine 26 Egos und ich« schreiben, und ich »musste« irgendwann auch Service geben. Dieses Müssen ist ein innerer Antrieb, der stark und unzweifelhaft ist. Und anderen Menschen zu erzählen, wie unglaublich bereichernd es ist, zehn Tage des Alltags für diese Sache zu geben, ist das Mindeste, was ich tun kann, um diejenigen erreichen zu können, die genau auf diesen Hinweis gewartet haben. Auch bei mir war es damals ein Buch. Und was ich darin las, löste bei mir ein »Das will ich auch!« aus. Natürlich würden wir alle uns gigantische metaphysische Erlebnisse wünschen, die uns nie wieder an irgendwas zweifeln lassen! Oft sind es aber nicht die lauten Erlebnisse, sondern die ganz stillen. Sie sind viel tiefer und wahrer, und wir können sie dann hören, fühlen und erleben, wenn wir dem Lärm des Alltags entfliehen und Erwartungshaltungen loslassen.

Wenn ich dir einen Rat geben kann, dann den: Höre auf deine innere Stimme! Und verwechsle sie nicht mit deiner Angst! Wenn du dich davor fürchtest, zehn Tage lang still zu sein und nur zu meditieren, dann fürchtest du dich in Wahrheit nicht vor der Meditation, sondern vor dir selbst. Vor dem, was du fühlen könntest, wenn du dich nicht mehr wie ein Derwisch im Wahnsinn namens Verdrängung drehst. Aber es ist da, wie sehr du auch wirbeln magst. Nur, weil man etwas unter den Teppich kehrt, ist es nicht verschwunden. Die Hausfrau beim Frühjahrsputz wird das bestätigen.

Unser Geist ist wie ein Haus. Du stehst momentan in einem Haus, das aussieht, als wäre es von einer Heavy-Metal-Band persönlich verwüstet worden. Es gab eine riesen Party, alle Gäste sind weg, und nun ist dir nach Heulen zumute, weil es überall dreckig ist und es stinkt. Die Kippen liegen auf dem Boden, neben den leeren Bier- und Whiskeyflaschen. Brandlöcher, angefressene Pizzaecken, dreckige Polstermöbel. Ein Albtraum! Und natürlich sind alle weg, und niemand ist mehr da, um dir beim Aufräumen zu helfen.

Willst du in so einem Haus wohnen?
Was würdest du tun, wenn wir wirklich von deinem Haus sprechen würden?
Würde es dir irgendetwas bringen, Tag und Nacht zu heulen, weil das alles so unfair und eine Schweinerei sei, und zu jammern, dass es die Schuld der anderen sei und diese Blödmänner dich auch noch im Stich gelassen haben?
Würde das an deiner Wohnsituation irgendetwas ändern?

Nein. Und das weißt du auch.

Was würdest du tun?

Natürlich würdest du irgendwann, vermutlich mit einer Mordswut im Bauch, anfangen aufzuräumen. Erst die Flaschen sortieren und sie wegbringen. Immerhin gibt es Pfand, das ist wohl das Mindeste. Dann die Essensreste und die Kippen einsammeln. Dann saugen. Dann die Möbel reinigen. Und so weiter und so fort. Du würdest das tun, allem Schmollen zum Trotz, weil du einfach nicht so wohnen wollen würdest und weil das Haus vom Heulen alleine nicht sauber werden würde.

Ja, bei einem Haus würdest du das tun.
Bei deinem Geist aber tust du es nicht.

Du siehst dein inneres Chaos und klagst und jammerst, weil deine Eltern dir dieses und jenes angetan haben. Du weißt genau, welcher Freund dich verraten hat und dass dein Bruder nie für dich da war, wodurch sie allesamt deinen Zorn verdienen. Du weißt auch genau, welcher Lehrer dir damals in der fünften Klasse so unrecht getan hat und dass er in seinem Job ein Versager war. Dein Chef erkennt deine Talente nicht, und daher ist er ein Dummkopf, dem du ausgeliefert bist, weil du das Geld brauchst. Und Gott hat sowieso auf ganzer Linie versagt, wenn man sich deine Partnerschaft ansieht. Vom nicht vorhandenen Weltfrieden mal ganz zu schweigen.

Wieso räumen wir unsere Häuser auf, unser Innerstes aber nicht?

Ist unser innerer Frieden nicht mehr Aufwand und Mühe wert als ein sauberes Haus?

Wenn dein verwüstetes Haus erst einmal wieder sauber ist, wirst du glücklich und befriedigt sein. Und du wirst wissen, wen du nie wieder über die Schwelle lassen wirst und wen schon. Es ist dein Haus und dein Recht, zu entscheiden, ob es eine weitere Party geben wird. Allerdings, was soll ein Leben in einem Haus, in dem man sich von der Welt abschottet, weil die Gäste wieder etwas schmutzig machen könnten? Das wäre eine sehr einsame Geschichte, da tröstet die beste Villa nicht. Ein Haus sollte von Leben erfüllt sein. Daher wirst du manch einen nicht mehr reinlassen, anderen dafür vergeben und sie wieder willkommen heißen und neuen Leuten eine Chance geben. Du wirst, wenn du klug bist, wieder Feste feiern, nur eben beispielsweise mit Rauchverbot, denn das ist dein Recht. Alkohol wirst du vielleicht einfach nur in Maßen anbieten, auch das ist dein Recht. Oder du sagst: »Was soll's?!«, und lässt einfach allem wieder freien Lauf, weil eine richtig coole Party einfach das Aufräumen am nächsten Tag wert ist.

Für welche Art von Leben du dich auch entscheidest: Es ist deine Wahl. Und du bist der Gastgeber in deinem

Haus. So, wie du darüber entscheiden kannst, was Eingang in deinen Geist findet und was nicht. Du entscheidest, welches Fernsehprogramm du in dein Unterbewusstsein rieseln lassen willst. Du entscheidest, ob du einem Menschen noch eine Chance gibst oder nicht. Du entscheidest, wie viele Beleidigungen du dir anhörst, bevor du eine klare Grenze ziehst, und du entscheidest auch, ob du lernen willst, Grenzen zu ziehen.

Was auch immer bisher in deinem Leben geschehen sein mag: Es war gestern. Heute ist ein neuer Tag, und du entscheidest, wie du den Rest deines Lebens in deinem Haus wohnen willst. Entscheidest du dich dafür, weiter in einer Mülldeponie zu wohnen und dich darüber zu beklagen, dass es stinkt und schimmelt, oder fängst du an aufzuräumen?

Falls du dich für letztere Option entscheidest, dann beglückwünsche ich dich. Vipassana ist eine wunderbare Möglichkeit, um den Müll rauszubringen. Mit Sicherheit gibt es noch viele weitere. Ich habe für mich vor vielen Jahren diesen Weg gefunden, und er ist, in der einen oder anderen Variante davon, genau meiner. Er passt zu mir.

Ich habe mich auch dafür entschieden, immer wieder Menschen in mein Leben zu lassen und Neues zu wagen. Natürlich fürchtet sich auch ein Teil in mir davor, verletzt zu werden, zu scheitern. Natürlich! Wenn ich aber eines begriffen habe, dann dass ich mich vor etwas noch viel mehr fürchte: Ich fürchte mich viel mehr davor, wahrer Liebe zu begegnen und sie zuzulassen. Denn echte Liebe ist so radikal, dass nichts Unechtes vor ihr Bestand hat. Und ich fürchte mich viel mehr vor dem Erfolg als vor dem Scheitern. Weil der Irrsinn des Festhaltenwollens mir Angst macht, Angst, ich könnte das Viele und Große dann nicht halten können. Auch das ist alles dem Wahnsinn geschuldet, den wir »normal sein« nennen.

»Ich könnte alles verlieren«, sagt nur jemand, der meint, das Leben sei dann vorbei, wenn er das, was er heute zu haben glaubt, nicht mehr hätte. Doch wie viele Menschen hat genau das schon zu Höchstleistungen angetrieben? Wie viele Menschen haben schon gezeigt, dass große Kräfte entfesselt werden können, wenn man als Mensch mit einem Mal »nichts mehr zu verlieren« hat? Und wie immer liegt es an uns, zu entscheiden, wozu wir diese Kräfte nutzen: um anderen zu schaden oder um uns selbst und andere zu beflügeln. Indem wir unser Schicksal annehmen und es in etwas verwandeln, was der Gemeinschaft dient, erfüllen wir einen Zweck, der uns über unsere Asche erhebt. Die schönsten Liebeslieder dieser Welt sind nicht in Momenten des Glücks, sondern aus tiefstem Schmerz entstanden. Es gibt Menschen, die ein Leben führen, das viele als nicht lebenswert ansehen würden. Wenn es ihnen aber gelingt, ihren eigenen Wert zu erkennen und den Blick auf das zu lenken, was sie haben, werden sie zu Leuchttürmen für Tausende, für Millionen.

Nick Vujicic ist dafür ein sensationelles Beispiel. Ein Mann, geboren ohne Arme und Beine, der so viel Lebensfreude und Optimismus ausstrahlt, dass er Menschen in den tiefsten Winkeln ihres Herzens berührt.
Boris Grundl ist ein erfolgreicher Unternehmer. Was er brauchte, um wirklich Erfolg zu haben und heute als Speaker Menschen zu motivieren, war, querschnittsgelähmt zu werden. Er sagt heute: Wenn er wüsste, dass seine 90%ige Lähmung der Preis für das wäre, was er heute lebt und tut, er würde wieder springen.
Barbara Pachl-Eberhart zeigt in ihrem Buch »Vier minus drei«, wie sie nach dem Verlust ihres Mannes und der beiden Kinder zu einem neuen Leben fand. Und gibt so Menschen, die meinen, alles verloren zu haben, neue Hoffnung.

Dies sind nur drei Beispiele für Menschen, die sich dazu entschlossen haben, ihr Leben nicht frustriert in einer Müllhalde zu verbringen, sondern die aufgeräumt haben und ihre Erfahrungen mit der Welt teilen. Sie alle haben dafür ihren eigenen Weg gefunden. Vielleicht kann dir Vipassana helfen. Vielleicht auch etwas ganz anderes.

Doch für welche Methode, welchen Weg du dich auch entscheidest: Wichtig ist, dass du dich dafür entscheidest! Dass du dich dafür entscheidest, glücklicher, freier und inspirierend zu leben! Denn was gibt es Wertvolleres auf dieser Welt, als anderen einen Dienst erweisen zu können und sie zu inspirieren, indem du deine Geschichte mit ihnen teilst? Hätten doch nur mehr Menschen den Mut, ihre Masken abzunehmen und sich zu so zeigen, wie sie sind, ihre Geschichten zu teilen, nicht um zu jammern, sondern um andere zu inspirieren! Wie viel bunter, ehrlicher, freier und ermutigender wäre unsere Welt durch diese Gesten der Menschlichkeit?

Also warte nicht länger auf die, die dir zeigen, wie es geht. Sondern …

… sei du der Mensch, auf den du schon so lange gewartet hast!

> *Mögest auch du dich dafür entscheiden,*
> *den Müll rauszubringen!*
> *Mögest auch du die Art und Weise entdecken,*
> *die dir dabei hilft!*
> *Mögest du dran bleiben und den Weg,*
> *so schwer er auch manchmal zu sein scheint,*
> *mit einem Lächeln und mit Geduld weitergehen können!*

Denn die, die ein dreckiges Haus hatten und heute in einem schönen wohnen, unterscheiden sich nur durch eine Sache von denen, die noch im Müllhaufen ersticken:

Sie haben nicht aufgehört aufzuräumen.

Mögest du glücklich sein!
Mögest du frei sein von Leid!
Mögest du frei sein und voller Liebe!
Mögest du voller Mitgefühl sein!

München im September 2017

Alles (ist) Liebe

Silvia Maria Engl
(geistige Villenbesitzerin und professionelle Müllentsorgerin im Dienst)

ÜBER DIE AUTORIN

Silvia Maria Engl ist eine Reisende, im Innen wie im Außen. Sie liebt es, die Welt zu erkunden und Menschen zu begegnen. Gleichzeitig sind ihr der gelegentliche Rückzug und ein bewusstes Alleinsein sehr wichtig.

Die Autorin lebt ihre eigene Spiritualität. Das Wichtigste hierbei ist für sie, dass ein Mensch sein eigenes Leben lebt, sich mit sich selbst wohlfühlt und sich und seiner Kraft und Macht vertraut. Wer an diesem Punkt angelangt ist, so die Botschafterin für Lebensfreude, wird feststellen, dass genau das Spiritualität ausmacht. Alles andere sind mögliche Hilfsmittel auf unserer Reise zu uns selbst.

Die begeisterte Vortragsrednerin freut sich über jeden Menschen, der sich selbst näherkommt und dabei glücklicher wird. Denn es kann, wie sie sagt, »gar nicht zu viele glückliche Menschen auf diesem Planeten geben!«. Menschen dabei einen Weg weisen zu können, erfüllt sie mit großer Freude. Seit Mitte 2017 konzentriert sie sich in ihren Kursen und Videotrainings darauf, Frauen ein neues Mindset zu vermitteln, das ihnen den Weg in eine erfüllte berufliche und finanziell äußerst erfolgreiche Selbständigkeit mit einer Tätigkeit, die sie lieben, ermöglicht. »Denn Frauen«, so die Autorin, »haben die Zukunft unserer Welt in der Hand. Daher müssen sie in allen Bereichen ihres Lebens die freie Wahl haben.«

Mehr zur Autorin und ihrem neuen Projekt unter:

www.silvia-maria-engl.com
www.souldieress.com

»Es ist eine hohe Kunst, die richtigen Fragen zu stellen. Jede Frage ist ein Auftrag an dein Unterbewusstes und das Universum, eine Antwort zu liefern. Nur durch das bewusste Stellen der zielführenden Frage bist du in der Lage, die Antwort zu empfangen. Zu erkennen, nach was du suchst. Wirklich suchst.«

(Aus: Silvia Maria Engl: »Frag dich frei – Wie du dich mit den richtigen Fragen aus alten Blockaden befreist«)

978-3-8434-5136-9

978-3-8434-5156-7

978-3-8434-5130-7

978-3-8434-5135-2

978-3-8434-5119-2

Schirner Verlag

»Willkommen in einer Welt, in der du schnell feststellen wirst, dass du nie allein bist, weil du immer von einer Vielzahl von Stimmen begleitet wirst, die permanent auf dich einreden. [...] Lerne, deine einzig wahre, deine innere Stimme von den erwähnten Dampfplauderern zu unterscheiden! Am Ende winkt dir dann ein selbstbestimmtes und glückliches Leben.«

(Aus: Silvia Maria Engl: »Meine 26 Egos und ich – Ein Wegweiser zu mehr Lebensfreude und Selbstverwirklichung«)

978-3-8434-1161-5

978-3-8434-1291-9

978-3-8434-1238-4

978-3-8434-1237-7

978-3-8434-1161-5

Bildnachweis

Bilder von der Bilddatenbank www.shutterstock.com:

Layoutelemente: Hintergrund »weiße Ornamente und Rahmen«: # 71296906 (© andreasnikolas), blauer Hintergrund »Wolken«: # 150761495 (© HorenkO), Streifen: # 182040560 (© lalan), Kreis für Kapitelüberschriften, Bildrahmen, Seitenzahlen und Aufzählungszeichen: # 188233268 (© chocoma87)

S. 4, 5: grünblauer Hintergrund mit Lichtkreisen: # 59551822 (© STILLFX), blauer Hintergrund »Wolken«: # 150761495 (© HorenkO), S. 6: # 402079912 (© nednapa), S. 9: # 175454414 (© De Visu), S. 10: # 422151988 (© mai111), S. 14: # 328520822 (© ESB Professional), S. 37: # 545181250 (© Aris Suwanmalee), S. 44: # 731298754 (© Kseniia Vladimirovna), S. 49: # 424211698 (© Brian A Jackson), S. 54: # 522004027 (© Rawpixel.com), S. 61: # 100518124 (© Pagina), S. 81: # 657788848 (© nhungboon), S. 84: # 155422796 (© Ksenia Ragozina), S. 90: # 382198903 (© SantiPhotoSS), S. 91: # 101269513 (© Semmick Photo), S. 114: # 688367407 (© Yuganov Konstantin), S. 138: # 363416279 (© Creative Photo Corner), S. 153: # 527133979 (© eakkaluktemwanich), S. 165: # 122377153 (© Raywoo), S. 172: # 132113294 (© Repina Valeriya), S. 177: # 335742965 (© Evgenia Kostiaeva), S. 178: # 522399133 (© Phawat), S. 187: # 279196784 (© A. and I. Kruk), S. 188: # 653566738 (© Suti Stock Photo), S. 190: # 430465618 (© Galyna Motizova)

Weitere Bilder:
S. 189: Autorenbild (© Thomas Kalak)